QUAND LES FEMMES S'ÉVEILLERONT ...

DU MÊME AUTEUR

Le Chagrin des autres, Anne Carrière, 1993.
Plus fort que le destin, Anne Carrière, 2002.
Pères d'aujourd'hui, filles de demain, Anne Carrière, 2003.
Nos hommes à nu, Plon, 2004.
Mon psy, mon amour, Plon, 2005.

Valérie Colin-Simard

QUAND LES FEMMES S'ÉVEILLERONT...

Oser le féminin

Albin Michel

Ouvrage publié sous la direction
de Laure Paoli et Marc de Smedt

Sommaire

À Annette, ma mère.
À Lucienne, ma grand-mère.
À Marie, qui m'a permis de retrouver
le chemin du féminin et, ce faisant,
m'a sauvé la vie.

Dieu créa l'être humain à son image,
à l'image de Dieu il le créa,
homme et femme il les créa.

Genèse, I, 27

La femme qui a le plus besoin d'être libérée est celle
que chaque homme porte en lui.

William Sloan Coffin

Introduction

Ce livre est pour moi l'accomplissement d'un travail et d'une réflexion dont le point de départ se situe il y a plus de quinze ans. J'ai longuement hésité avant de l'écrire. Le sujet – les femmes et les changements qu'elles vivent – me paraissait en soi une montagne et je n'étais pas sûre d'être encore prête à la gravir. Certes, j'avais écrit un ouvrage sur les changements des hommes, un autre sur les nouvelles relations pères-filles. Il paraissait tout naturel que l'ouvrage suivant parle plus directement de la femme aujourd'hui. J'y avais travaillé à la fois sur le plan professionnel et sur le plan personnel.

Comme bien d'autres, ma famille avait traversé de nombreuses épreuves sur le chemin du féminin. À titre d'exemple, ma grand-mère, femme brillante et d'une grande beauté, était l'assistante de Marie Curie. Lorsqu'elle s'est mariée, mon grand-père l'a obligée à s'arrêter de travailler. Ce n'est sans doute pas la seule raison pour laquelle, plusieurs années plus tard, elle s'est suicidée. Elle était par ailleurs psychanalysée par Lacan. Autant dire que ce chemin de connaissance de soi, elle l'avait entamé bien avant l'heure. À travers le temps, c'est sans doute à elle que je dois d'avoir entrepris de comprendre l'importance vitale du féminin dans nos vies.

Je suis aujourd'hui psychothérapeute. J'ai été auparavant journaliste pendant vingt ans. J'avais donc commencé à écrire ce livre comme les précédents. En interviewant d'autres psys. Mais rien ne se passait comme avant. Ce qu'ils me disaient sur les femmes était intéressant, mais ne me paraissait guère nouveau. Je m'aperçus bien vite qu'aucun d'entre eux ne disait ce que, moi, j'avais envie de dire. Je ne voulus rien précipiter. Je voulus prendre le temps. Tout le temps nécessaire. J'imaginais ce texte comme un fruit mûr qui se détacherait de l'arbre le moment venu. Rien ne pressait, j'avais publié quatre livres en quatre ans. Il était légitime, voire nécessaire, de m'accorder une pause.

Deux ans et demi ont passé. Ce fut ma rencontre avec une femme, son témoignage, qui mit le feu aux poudres. Le lendemain, à cinq heures du matin, j'étais à ma table de travail. J'écrivis ce livre en six mois. Il m'a moi-même surprise. Je le découvrais au fur et à mesure que je l'écrivais. Je me suis inspirée des principes issus de la nature et de la spiritualité (et non pas de la religion) pour les mettre au service de la psychologie. En effet, dans presque toutes les traditions spirituelles existent les principes féminin et masculin. De leur union naît la vie. Elle est représentée par exemple dans la religion juive par deux triangles entrelacés du sceau de Salomon ; en Inde par le *lingam*, un support horizontal sur lequel se dresse une tige verticale ; chez les taoïstes, c'est le cercle dans lequel s'inscrivent les deux symboles du Yin et du Yang.

Toutes ces traditions s'accordent à dire que ces deux principes sont d'égale importance. À commencer par le texte fondateur de notre civilisation judéo-chrétienne, la Bible. Dans le premier récit de la création, il est écrit noir sur blanc que Dieu fit l'être humain à son image. Homme et femme il les créa. Il est donc Lui aussi homme et femme. Je ne souhaite pas entrer ici dans un débat théologique. Je veux seulement dire par là qu'initialement, la valeur du féminin est aussi importante que la valeur du masculin.

Évidence ? Pas vraiment. Les femmes d'aujourd'hui se veulent fortes, compétitives, conquérantes, intelligentes, indépendantes et nous pouvons nous en réjouir. En même temps, n'aurions-nous pas oublié en route les valeurs du féminin ? Chaque matin, lorsque j'ouvre mon ordinateur, ma page d'accueil Internet me propose une vidéo réalisée par un internaute. Celle de ce matin a été conçue par une Américaine et s'intitule : *I was a teenage feminist.* Autrement dit : « J'étais une adolescente féministe. » Elle m'a semblé représentative du malaise et de la confusion de bien des femmes aujourd'hui. C'est pourquoi je vous en cite un extrait :

Je crois que j'ai découvert le féminisme pour la première fois en 1974. J'étais âgée de 13 ans. À cette époque, il me donnait du pouvoir. Le pouvoir d'être intelligente, d'être indépendante et d'être moi-même. Cela semblait alors si simple.

Générique sur fond de musique rock des années 1970. Défilent des images de militantes brandissant des pancartes *All women are beautiful*, « Toutes les femmes sont belles ». Puis une jeune fille dans un train chante, danse et fait un coucou à la caméra avec la main. Elle est joyeuse, gaie, pleine d'enthousiasme, a foi en l'avenir. En son avenir. Nous la retrouvons vingt ans plus tard, avec des rondeurs en plus, pour ne pas dire des kilos en trop. Elle reprend :

> *J'ai 34 ans aujourd'hui et je n'ai plus pensé au féminisme depuis des années mais, quand je regarde autour de moi [zoom sur une immense affiche montrant une superbe top-modèle en dessous sexy puis des livres sur le thème des superwomen ou des femmes d'affaires], cela me donne l'impression de ne pas être à la hauteur. Je ne suis ni une épouse, ni une mère, ni un top-modèle. Qui suis-je ? Une femme qui ressent une pression incroyable pour se conformer à un idéal auquel elle n'a jamais aspiré.*

Dans le secret de mon cabinet, je rencontre chaque jour des femmes pareilles à celle-ci. Elles s'essoufflent à suivre les traces de leur mère féministe ou se culpabilisent de ne pas le faire. À l'extérieur, ces femmes souvent brillantes n'avoueraient pour rien au monde à quel point elles ne s'accordent pas de valeur. Elles courent après un idéal d'elles-mêmes qui ne leur correspond en rien. Elles se sont oubliées. C'est pour elles que j'ai écrit ce livre.

Parce que, dans notre société, les femmes sont omniprésentes, parce que nous entendons parler dans les médias de valeurs féminines (surtout à propos des hommes), nous ne nous rendons plus compte à quel point nous obéissons aujourd'hui aux seules et uniques valeurs masculines.

Dans la première partie de ce livre, je montre comment notre mépris (vous verrez que le mot n'est pas trop fort) du féminin nous conduit à un profond déséquilibre psychique qui a parfois également de graves conséquences sur notre santé physique. Comment nous vivons sans le savoir dans un monde purement patriarcal.

Il m'a semblé nécessaire de montrer que cette vision du monde dont nous avons hérité contamine encore aujourd'hui toutes les sphères de notre existence. Elle est globale. J'ai donc exploré un à un chaque domaine de notre vie quotidienne, à commencer par notre sexualité, notre spiritualité et notre vie amoureuse. Après avoir revisité les racines historiques du système, nous verrons à quel point elles sont encore vivaces dans notre vie professionnelle comme dans notre vie familiale.

Je suis bien consciente que chacun de ces chapitres pourrait faire l'objet d'un livre entier. Je demande donc au lecteur son indulgence. Mon rêve serait juste d'amorcer un mouvement, d'enclencher un processus, de déposer le germe d'une pensée qui serait appelée, je l'espère de tout mon cœur, à être développée ensuite par d'autres.

Dans la seconde partie du livre, je développe ce que sont pour moi les principes du féminin. Le sujet est vaste, je ne pourrai pas être exhaustive. J'ai choisi d'explorer sept d'entre eux. Je montre comment le féminin guérit. Comment se réconcilier avec lui peut changer notre vie à toutes. Et à tous. Comme l'a superbement résumé une des lectrices de mon texte, oser le féminin, c'est oser être soi.

Si ce livre concerne aussi les hommes, il s'adresse aux femmes et d'abord aux femmes. Toutes celles à qui j'en parle ou à qui je l'ai fait lire poussent des « oh ! » et des « ah ! ». Elles me disent qu'elles se sentent comprises. Que ce livre leur donne le droit d'être des femmes à part entière, c'est-à-dire de vivre leur féminin dans leur vie quotidienne. Jusqu'à présent, comme vous le verrez, nous ne nous y autorisons pas.

C'est la raison pour laquelle un sentiment d'urgence parcourt ce texte de bout en bout. Il est pour nous vital de nous réconcilier avec cette partie fondamentale de nous-mêmes que nous avons trop souvent oubliée. Bien trop de femmes aujourd'hui ne s'autorisent à habiter leur féminin qu'au travers de son versant noir : la victime. Elles confondent humilité et humiliation. Vous découvrirez au fil de ce texte comment dans ma pratique de psychothérapeute, j'ai pu découvrir l'« efficacité du féminin ».

Je peux aussi en témoigner. En ce qui me concerne, retrouver le féminin en moi m'a sauvé la vie. C'est pourquoi il m'a semblé nécessaire de partager avec vous non seulement mon expérience professionnelle mais aussi mon expérience personnelle. Ce que j'avais moi-même vécu et traversé. J'ai désiré que ce livre puisse, du mieux que je peux, incarner la danse du féminin et du masculin. Trop souvent aujourd'hui, vie dite « active » et vie intime sont séparées l'une de l'autre comme par une cloison étanche. Comme si nous vivions coupés en deux. Il ne s'agit pas de les mélanger mais de créer des ponts et des espaces de communication et de respiration entre ces deux parties essentielles de nous-mêmes. Entre notre vie personnelle et notre vie sociale. Entre nos pôles féminin et masculin.

J'ai souhaité que ce livre m'implique en entier.

Puisse-t-il vous autoriser, nous autoriser à vivre cette danse.

I.

Le crépuscule du patriarcat

1.

Le féminin déserté

Serrer les dents

D'une certaine manière, mes parents étaient en avance sur leur temps. Ma mère travaillait, mon père pas. C'était lui qui venait me chercher à l'école et assistait aux réunions de parents d'élèves. Ma mère, elle, rentrait tard le soir.

J'avais un père à la fois présent et absent. Il avait eu un accident cérébral. J'ai été élevée dans le secret espoir que je puisse un jour prendre sa relève. Le message de ma mère était : « Tu seras un homme, ma fille. »

Il fallait donc – et c'était bien la moindre des choses – que je sois indépendante financièrement. Et que je réussisse.

À une époque où les femmes travaillaient peu, c'était ma mère qui rapportait l'argent du ménage. Je me souviens qu'elle regardait avec la plus grande condescendance ses amies femmes au foyer. Elle était passée de l'autre côté du miroir, elle se sentait supérieure, elle avait rejoint le clan des hommes. Son entourage l'admirait pour son courage et pour sa force.

Pendant longtemps, moi aussi j'ai admiré ma mère. Elle

m'a ainsi transmis tout naturellement son mépris de ce qui, à l'intérieur de moi, ressemblait de près ou de loin à une femme. Ma douceur ? De la mollesse. Mon corps ? Seul l'intellect avait de l'importance. Mon besoin de donner et de recevoir de la tendresse ? Réservé aux enfants et surtout sans trop de contact physique. Ma beauté ? Un pouvoir sur les hommes. L'amour ? Ma mère m'a appris à aimer d'un amour fusionnel. Pour elle, 1 + 1 = 1. J'étais le prolongement d'elle-même. Sinon je la trahissais.

J'avais le droit d'être comme elle. De travailler et encore travailler. De réussir professionnellement, d'être forte. Surtout ne rien ressentir. Me blinder. Comme elle. Dois-je vous dire que ma mère pesait quarante kilos de trop ? Elle vivait sous antidépresseurs. Elle a subi cinq infarctus et un cancer. Son corps ne mentait pas. Il portait ses blessures, sa vulnérabilité, son désarroi, tout ce qu'elle ne s'était jamais autorisé à exprimer.

J'aurais pu suivre exactement le même chemin.

Aujourd'hui, je la remercie. Ce livre lui est dédié. Elle m'a appris à lutter, à me battre. Elle m'a appris le courage. Elle m'a montré ce que pouvaient être la force et la puissance d'une femme. Grâce à elle, j'ai aujourd'hui la liberté de choisir si oui ou non je veux me réconcilier avec l'autre partie de mon être. Avec ma féminité.

Depuis que j'ai entamé ce chemin, j'ai découvert sur ma route bien d'autres femmes semblables à elle, à moi. Elles luttent, elles se battent, elles se coupent de ce qu'elles ressentent. Pour rester à flot. Pour exister socialement. Pour pouvoir continuer d'avancer. Jasmine, 21 ans, vit à

Paris, éloignée des siens. Pour fuir un sentiment de solitude qu'elle trouve « bête » et « ridicule », elle devient boulimique. Astride, 35 ans, directeur général d'entreprise, prend conscience qu'à force de ne pas exprimer ce qu'elle ressent, elle se fait maltraiter par son compagnon. Judith, 29 ans, est pour les mêmes raisons harcelée par son patron. Je pourrais ici multiplier les exemples ; ils seront développés au fil de ce livre. De femmes qui, parce qu'elles méconnaissent la part féminine de leur être, la bafouent, en général par personnes interposées.

Je ne parle pas ici de cas pathologiques, de femmes abusées ou battues qui sont des cas extrêmes. Je parle de femmes que j'ai rencontrées au quotidien dans mon travail, dans mon entourage ou lors de mon enquête. Je parle de vous, je parle de nous. Je parle de toutes celles qui trouvent normal d'être fortes, de serrer les dents, de taire des besoins pourtant légitimes. De toutes celles qui n'osent pas se montrer vulnérables. De peur qu'on ne les traite de « femmes ».

Notre femme intérieure

« On ne naît pas femme, on le devient », avait clamé Simone de Beauvoir. Grâce à elle, des millions de femmes ont pu sortir d'un gigantesque conditionnement social. Elle a réhabilité leur image dans la société.

Pas dans leur intimité.

Dans cette phrase qui a tant marqué nos esprits, « femme » est synonyme d'« inférieure ». Depuis, nos mentalités n'ont pas changé. Le mot « féminin » est aujourd'hui encore considéré comme un léger sarcasme. Dans la phrase « C'est bien féminin ! », il y a une pointe de condescendance. Au point que de nombreuses femmes s'indignent si j'ose parler devant elles de nos côtés « féminins » ou « masculins ». « Comment, s'exclament-elles avec feu, je suis une femme même si je suis active, conquérante ou en colère ! »

Ce qui les gêne ? Que l'adjectif « masculin » soit synonyme de performance, rentabilité, compétition, rationalité : valeurs qu'elles trouvent gratifiantes et dont elles craindraient de se sentir alors dépossédées. Que le terme « féminin » puisse être associé à la douceur, la grâce, le lien à l'autre, les émotions, le repos et même, comble du comble (attention, je vais dire des gros mots), la passivité ou la vulnérabilité. Valeurs dévalorisées. Dévalorisantes.

Nous les femmes, plus encore aujourd'hui que les hommes, continuons de renier notre femme intérieure. Sous couvert de féminisme, nous reproduisons le mépris millénaire de la société patriarcale envers le féminin.

En voici encore un exemple. *Elle* est un journal peu suspect d'antiféminisme. Dans un de ses numéros récents[1], une journaliste demandait à neuf femmes âgées de 26 à 38 ans, représentantes de ce que l'hebdomadaire qualifiait de « galaxie néoféministe », quelle était la pire insulte pour une femme. « Tu es douce et attentionnée », a répondu l'une d'elles ; une autre : « Fille réussie. »

Au XXIe siècle, être traitée de « fille » – qui plus est, « réussie » ! – est donc encore considéré comme une insulte. Le

1. *Elle*, 5 mars 2007.

plus beau compliment pour une femme ? Leurs réponses ont été : « Tu es virile », « Tu es une grande professionnelle » ou : « Garçon manqué ». Comment montrer plus clairement que ces femmes admirent et considèrent les seules et uniques valeurs masculines ? À leurs yeux, celles-ci sont toutes-puissantes. Elles s'y sont soumises. Elles les ont assimilées, intégrées. Cela ressemblerait presque à de l'acculturation.

Il me serait facile de contourner l'obstacle. Au lieu d'utiliser les mots « féminin » et « masculin », je pourrais employer leurs équivalents asiatiques : « yin » et « yang », universellement admis. Dès que je parle de nos côtés yin et yang, les femmes qui m'avaient décriée jusque-là poussent un soupir de soulagement. Même si « yin » est en réalité synonyme de « féminin » et « yang » de « masculin », nous pouvons continuer à esquiver le sujet. Je souhaite au contraire l'aborder de front.

Simone de Beauvoir a contribué à libérer la femme dans la société, il nous reste aujourd'hui à libérer le féminin en nous. À sortir de la prison de nos conditionnements intérieurs.

Les « néoféministes » plaident pour que les femmes prennent la parole, investissent la place publique, fassent de la politique. Est-il nécessaire de dire que je suis à 100 % d'accord avec elles ? Le féminisme politique est en de bonnes mains.

Toutes voilées…

En ce qui me concerne, je vais m'intéresser à un féminin, voire à un féminisme intérieurs. Je m'adresserai à la femme endormie qui sommeille en chacun et chacune de nous. Je parlerai de notre monde psychologique. De nos besoins, de nos désirs, de nos croyances. J'aborderai plus concrètement la manière dont nous les incarnons au quotidien dans notre travail, à la maison ou dans nos relations amoureuses. Des sentiments que nous croyons personnels comme la honte, la solitude ou la culpabilité traduisent en réalité un système de valeurs vénéré, admis et transmis par la société dans laquelle nous vivons.

Ce sont ces valeurs qui, de façon souterraine, dirigent notre vie. C'est à travers elles que nous jugeons le monde en nous et autour de nous. Elles sont les lunettes à travers lesquelles nous regardons la vie. À travers lesquelles nous nous regardons.

Sur le plan extérieur, légal, la femme est aujourd'hui considérée comme l'égale de l'homme. Avoir des seins et un vagin – de même que la couleur de notre peau – ne nous vaut plus d'être exclues des urnes. C'est la partie émergée de l'iceberg. Notre grille de lecture du monde est restée intacte. Notre système de valeurs, lui, n'a pas bougé. Nous reproduisons encore et encore un système patriarcal qui place les valeurs masculines au pinacle et les valeurs féminines aux oubliettes. Il n'est plus question de la toute-puissance de l'homme sur la femme, il s'agit désormais de la suprématie des valeurs masculines sur les valeurs féminines. Travail, devoir, efficacité règnent en maîtres tyranniques sur le monde de nos émotions et de nos besoins. Seule la direction de notre regard a changé. Hier condescendant, arrogant et parfois méprisant envers les femmes.

Aujourd'hui condescendant, arrogant et parfois méprisant envers le féminin et la féminité.

Nous les cantonnons à de strictes limites bien définies et étriquées : instituts de beauté, journaux féminins ou virées entre amies. Nous mettons de côté et dissimulons tout le reste : notre vulnérabilité, nos besoins de dépendance (beurk !), de repos... Bref, notre humanité.

Lucie est une jolie jeune femme de 21 ans entourée d'amis. Elle est étudiante en droit. Pour elle, seul compte l'intellect. Lors de nos séances précédentes, nous avions découvert ensemble comment elle méprisait ses émotions. Elle me raconte son arrivée chez des copains à elle. Tous des garçons. Ils sont en train de s'amuser à caricaturer de gros joueurs de poker. Ils mettent les pieds sur la table, font semblant de fumer le cigare, jouent les durs et se donnent des prénoms américains.

Elle tente de se mêler à leur jeu, sans succès. Il ne la fait pas rire du tout. Elle se sent de plus en plus mal à l'aise. N'en tient pas compte. Elle se force, elle fait comme si. Ne dit rien. Elle se retient, se retient. Les garçons la taquinent parce qu'elle ne sait même pas jouer au poker. Soudain, à leur grande surprise, elle éclate en sanglots. Devenir victime est le seul moyen pour elle aujourd'hui d'exprimer des sentiments qu'elle ne veut pas assumer.

Dans notre société, les émotions sont tolérées et parfois même bienvenues. À condition d'être strictement encadrées, cloisonnées à des lieux et à des circonstances précis, qui fonctionnent comme des exutoires. Elles ont le droit de vivre et de s'exprimer lors d'une victoire en Coupe du monde, dans un roman, au cinéma, ou lors d'événements dûment répertoriés comme un mariage, une naissance ou un enterrement. Ailleurs, nous devons tous maintenir le contrôle. Les émotions sont considérées comme une entrave à la sacro-sainte objectivité. Au travail, il est de bon ton de ne pas avoir d'« états d'âme »... La raison reprend ses droits.

Dans le secret de notre intimité, nous continuons ainsi de laisser endormie une grande partie de nous-mêmes, de ne pas la voir, encore moins la laisser s'exprimer. Nous portons toutes un voile qui dissimule une partie de nous que nous nous évertuons à cacher : notre femme intérieure. À l'image de la femme dans les sociétés soumises aux extrémistes, le féminin en nous est muselé. Sous camisole.

Plusieurs voix ont commencé à s'élever pour dénoncer le carcan que vivent la plupart d'entre nous dans leur vie amoureuse, sexuelle, quotidienne. Âmes sensibles s'abstenir, mon propos ne sera pas « psychologiquement correct » ; il va sans doute choquer. Dans notre vie intime, nous sommes restées les esclaves soumises d'un système de pensée périmé. Nous sommes toutes des colonisées.

Les femmes, plus « machos » que les hommes ?

Ai-je besoin de rappeler que les femmes n'ont pas le monopole du cœur, de la vulnérabilité ou de l'attention à l'autre ? Qu'il y a bien des hommes doux et vulnérables et que bien des femmes ont le cœur plus fermé qu'une pierre ? Pas plus que les valeurs masculines n'appartiennent aux hommes, les valeurs féminines n'appartiennent aux femmes.

Le propos dépasse la querelle des sexes. Il concerne le déséquilibre de nos valeurs telles que nous les vivons aujourd'hui, telles que chacune et chacun d'entre nous les incarne dans sa vie personnelle. Ce livre ne concerne pas seulement les femmes. Il parle du féminin en nous.

Claude, 46 ans, est un homme. Il est photographe. Il prend conscience qu'il s'est positionné en objet toute sa vie par rapport aux femmes. La première l'a « utilisé » pour faire un enfant, allant même jusqu'à le menacer : « Si tu ne veux pas, c'est pas grave, j'irai coucher avec un autre. » Il l'a vécu comme un viol. La deuxième, P-DG d'une grande entreprise, gagnait deux fois plus que lui. C'est lui qui faisait les courses et s'occupait de la quasi-totalité des tâches ménagères. De leurs enfants, il s'est occupé « comme une vraie maman ». Aujourd'hui encore, alors qu'ils sont divorcés et que leurs enfants sont sur son numéro de sécurité sociale à elle, c'est lui qui garde le carnet de santé. Claude est en train de retrouver sa colonne vertébrale d'homme et de se positionner en sujet face à la femme qu'il aime et à ses enfants, ce qui n'est pas sans provoquer quelques remous.

Hier, il y avait d'un côté le monde des hommes, de l'autre le monde des femmes. Celui-ci était strictement délimité par les règles du monde patriarcal. Aujourd'hui, nous sommes tous à la recherche de nouveaux repères, d'un nouvel équilibre. Nous avons tous à devenir des êtres humains à part entière, hommes et femmes à la fois. Nous avons à réconcilier en nous les univers féminin et masculin sans que l'un prenne le pas sur l'autre.

Vous les hommes, vous êtes désormais contraints de trouver en vous-mêmes ce que vous avez si longtemps demandé aux femmes d'exprimer à votre place. Il est devenu difficile de faire comme autrefois et de vivre vos émotions, sentiments et autres vulnérabilités par procuration. Vous êtes en train de vous réapproprier votre vie intime, intérieure. Vous vous impliquez dans votre foyer, en tout cas dans l'éducation de vos enfants. Beaucoup d'entre vous s'essayent à montrer leur fragilité et à exprimer leurs émotions. Au point parfois d'aller trop loin. Certains hommes, passant d'un extrême à l'autre, ont rejeté leur virilité (du latin *virtus* qui veut dire « force ») et sont tombés dans la passivité et la dépendance.

Pour nous, femmes, il est devenu difficile de dépendre d'un homme financièrement. Nous nous sommes réapproprié la part masculine de nous-mêmes. Nous devons gagner notre vie. Si nous avons obtenu de haute lutte notre place dans le monde, c'est souvent au détriment de notre féminité. Certaines d'entre nous sont allées jusqu'à reproduire certains des aspects les plus négatifs de l'ancien modèle masculin, traitant par exemple l'homme en objet de consommation.

« Un grand nombre de mes patients, témoigne l'un des psychanalystes que j'ai rencontrés, sont pétrifiés par la violence des femmes envers eux. Il y a par exemple ce que j'appelle le "syndrome du lendemain matin". Avant, c'était "Alors, heureuse ?". Aujourd'hui, c'est la notation, comme au patinage artistique : 2 en note technique, 3 en note artistique. Pour les hommes, c'est souvent un traumatisme[1]. »

À se demander si ce ne sont pas les femmes qui aujourd'hui sont devenues plus « machos » que les hommes. Elles mettent en avant les valeurs masculines : désir d'indépendance, d'autonomie, de conquête. Au détriment de leurs besoins d'union, d'amour et de lien.

J'avais 30 ans, j'étais journaliste, et, au dire des hommes, j'étais belle. Je veux dire par là que j'avais tous les signes extérieurs de la féminité réussie. Après avoir présenté les flashs d'information sur Canal +, j'étais responsable des reportages d'une émission littéraire sur TF1.

Je revenais de Vienne, en Autriche, où j'avais interviewé un écrivain. J'étais en salle de montage avec le réalisateur lorsque, dans un soudain éclair de lucidité, je vis la manière dont je le traitais. La manière dont je me traitais. J'étais dure, froide. Je me voulais professionnelle, je me comportais en dictateur. Je ne tenais aucun compte de mes limites, de mes besoins, de mes vulnérabilités. Encore moins de ceux des autres. C'est simple, je ne les voyais même pas. Les relations humaines ? Peu importait, seul comptait le résultat. À force de zèle, de volonté d'efficacité, j'étais devenue… inhumaine. Je fonctionnais comme un robot. Ce fut un signal, le tout

1. Voir Valérie Colin-Simard, *Nos hommes à nu*, Plon, 2004.

premier germe d'un éveil, d'une lente prise de conscience qui dura plus de quinze ans.

Depuis, j'ai rencontré des centaines de femmes qui, comme moi, sous la pression de la société, avaient renié leurs valeurs profondes. À un idéal de professionnalisme et de productivité, elles avaient sacrifié leur intimité, leur créativité. Dévouées corps et âme à leur profession ou bien à leur famille, elles ne tenaient aucun compte de leurs limites, de leurs besoins, ni même de leurs désirs. Comme moi auparavant, elles ne tenaient aucun compte de leur femme intérieure.

Élise a 31 ans et trois enfants. Elle habite une capitale européenne, elle est hyperactive. Une femme bien de son temps, n'est-ce pas ? Elle vient me voir à la demande de son mari car elle n'a jamais envie de faire l'amour. Chaque semaine, elle arrive hors d'haleine. Elle court, elle court, elle n'arrive pas à s'arrêter pour souffler :

« C'est pratique, fais-je remarquer, comme ça, vous n'avez rien le temps de ressentir... »

Elle est d'accord. Elle me raconte que, dès l'âge de 6 ans, elle et sa sœur ont pris la maisonnée en charge. Il fallait être autonome, être utile : faire le ménage, la vaisselle, que sais-je encore ? Pas le droit de souffler avant d'avoir tout terminé, et ce n'était jamais terminé. Aujourd'hui, elle reproduit scrupuleusement ce même schéma.

« Soyons fous ! dis-je. Imaginons que vous ayez le temps de vous faire plaisir... Que feriez-vous ?

– De la danse !»

C'est le cri du cœur ; elle a répondu du tac au tac, sans même avoir à réfléchir, comme si c'était son rêve de toujours.

« Qu'est-ce qui vous en empêche ?

– C'est très cher. »

Son argent est destiné à ses enfants et à son mari. Elle ne s'autorise elle-même aucun plaisir, d'autant qu'elle ne « travaille » pas. Ne rapporte pas d'argent. La semaine dernière, elle a vu en vitrine un sac à 50 euros qui lui plaisait. Il a fallu que son mari l'oblige à retourner le chercher. Lorsqu'elle songe à se faire plaisir, c'est comme si elle entendait une voix lui dire qu'elle n'en a pas le droit. Elle ne connaît que le devoir. Le « il faut que ».

« Vous avez encore aujourd'hui besoin d'une autorisation pour accepter de penser à vous ou simplement vous faire plaisir. »

Je choisis d'amplifier :

« Demandez à votre mari l'autorisation de faire de la danse. Vous ne connaissez pour l'instant que ce circuit-là, alors, utilisons-le… »

Élise est consternée. Elle se croyait libre, autonome, indépendante. Elle se rend compte de son conditionnement. Elle se découvre marionnette tirée par les ficelles de son passé.

D'un côté, c'est un soulagement d'en prendre conscience, le premier pas vers la liberté. De l'autre, elle se sent humiliée par cette découverte. Infériorisée. Elle en a les larmes aux yeux. Je lui demande de mettre des mots sur ce qu'elle ressent :

« Je me fais pitié. Je ne suis pas à la hauteur. Je devrais être davantage libre et autonome. »

Elle ne pleure pas sur elle et la dureté qu'elle s'inflige. Non, il faudrait qu'elle soit encore plus autonome. Encore plus performante. Encore plus indépendante. C'est l'image qu'elle a d'elle-même et à laquelle il lui faut à tout prix se conformer. Sinon, elle est dans la honte.

« Si vous faites de la danse, vous aurez deux endroits rien que pour vous : ici et à vos cours de danse.

– Il y en a un autre, m'apprend-elle.

– Ah oui, lequel ?

– Mes cours de comptabilité du samedi. »

Son visage soudain s'illumine. Son regard aussi. Elle poursuit :

« Oui, je me croyais nulle en chiffres et, contrairement à ce que je pensais, je réussis très bien. J'aime y aller car je prouve ainsi que je vaux quelque chose. »

J'ai nommé la joie que je voyais dans ses yeux. Elle n'en avait pas conscience. Cela n'avait pour elle aucune valeur. Seul le devoir comptait.

Ce phénomène concerne toutes les couches sociales et toutes les professions. De l'ouvrière à la P-DG en passant par la femme au foyer, elles se disent toutes « noyées », « englouties », « toujours sur le front ». Beaucoup se sont perdues de vue en route. La pression qui pèse aujourd'hui sur leurs épaules est à la limite de l'oppression. Comme Élise, elles sont les premières à se l'imposer.

Comme elle, beaucoup d'entre nous se jugent avec

dureté, parfois même cruauté à travers le prisme purement masculin de l'utilité, de la performance, de l'indépendance et de l'action. Excellents critères qui, privés de leur contrepoids féminin, mènent au déséquilibre.

La « surfemme médiatique »

Hier, les valeurs féminines étaient la chasse gardée des femmes. Même s'il était confiné, étriqué, réduit à l'état de bonzaï, ce territoire était encore préservé. Aujourd'hui, les femmes sont en train d'investir tous les domaines de la société et c'est tant mieux. En même temps, notre regard sur le monde et les valeurs de notre société sont désormais régis par les seuls et uniques principes masculins.

Le féminin est déserté.

Nous ne devons dépendre de personne, même pas provisoirement et surtout pas de notre mari. Nous devons être compétitives. Performantes. Nous devons être « à la hauteur ». À la hauteur de quoi ou de qui ? À la hauteur des hommes ?

Eux avaient auparavant une épouse qui les attendait à la maison, les stabilisait, les sécurisait, s'occupait de leurs besoins, leur donnait chaque soir amour et attention. Nous, les femmes, n'avons pas d'épouse pour s'occuper de nous. Nous nions nos besoins de sécurité, d'amour et d'attention, nous nous sentons obligées de cacher notre vulnérabilité. Nous pourrions toutes fredonner en chœur comme en son temps l'actrice Brigitte Bardot qui, elle au moins, avait dans sa chanson une Harley-Davidson : « Je n'ai besoin de personne... »

Dans notre vie privée comme dans notre vie professionnelle, nous voulons être utiles. Rentables. Au point de ne pas ou peu s'accorder de repos, peu ou pas de douceur, de joie, peu ou pas de passivité.

J'entends déjà certaines d'entre vous s'indigner : « Nous ne méprisons pas le repos, au contraire ! Nous adorons les vacances ! Nous ne pensons même qu'à ça ! » ou encore : « Nous ne méprisons pas la vulnérabilité, regardez notre lutte pour les sans-abri ». En réalité, nous vivons coupées en deux. La vulnérabilité ? Elle est pour les autres. Nos besoins de repos ? Strictement séparés de notre vie quotidienne, réservés aux vacances.

J'avais inscrit mon fils alors âgé de 10 ans dans une nouvelle école à Paris. Il s'y épanouissait et j'étais heureuse qu'il se trouve dans cet établissement de qualité. Au détour d'une conversation avec lui, je fus stupéfaite de m'apercevoir qu'il n'avait pas de récréation. Les locaux de cette école étaient étroits et un surveillant devait faire traverser la rue aux enfants pour aller au square, au stade ou dans les bois avoisinants. Résultat : la plupart du temps, ils restaient enfermés à l'intérieur des classes aux heures de récréation.

Lors de la première réunion de parents d'élèves, je pris la parole pour m'en étonner. Réponse du professeur principal : les enfants devaient s'habituer dès aujourd'hui au rythme qu'ils auraient à vivre plus tard dans les entreprises. Je me suis tournée vers les autres parents à la recherche d'un soutien. Personne n'a bronché.

C'est comme si nous évoluions à l'intérieur d'un imaginaire masculin dénué désormais de toute humanité. Dans un article du *Monde*, un philosophe[1] dénonce le mythe actuel de ce qu'il appelle la « surfemme médiatique ». Elle allie son identité d'opprimée (corps forgé pour le désir, la reproduction ou la superficialité d'agrément) à de nouvelles exigences puisées dans l'univers de l'homme (réalisation de soi dans l'épuisement au travail, compétitivité effrénée...).

Mensurations de rêve et goût du pouvoir sont devenus les deux mamelles de la femme idéale. « Les femmes du monde réel résisteront-elles longtemps à la pression si violente exercée par les modèles de femmes hyperpuissantes que les médias leur martèlent au quotidien ? » demande le philosophe. C'est le syndrome de la femme invulnérable, toute-puissante. Nous le payons cher et il commence tôt...

Jasmine est étudiante, elle a 21 ans. Elle est assise en face de moi et n'ose pas me regarder. Je le lui fais remarquer :

« Qu'est-ce qui se passe pour vous, là ?

– Je suis gênée.

– Gênée de quoi ?

– J'imagine que vous allez porter sur moi des jugements de valeur.

– Lesquels ?

1. François-Xavier Ajavon, chargé de cours de philosophie à l'université de Paris-XII, *Le Monde*, 22 septembre 2006.

– Par exemple que je devrais m'accepter comme je suis. » Je lui réponds : « En effet, même s'aimer et s'accepter devient un devoir. Un truc à vous rendre fou. Ce que l'école de Palo Alto appelle un double bind. *Un double lien. Un ordre contradictoire comme, par exemple : "Sois spontanée !". »*

Jasmine comprend :

« En fait, il faudrait que je sois parfaite. En tout cas sur les plans physique et intellectuel. »

Derrière ce désir de perfection, Jasmine se découvre un gigantesque besoin d'amour. Là aussi, elle fuit mon regard :

« J'ai honte. Je ne devrais pas, je devrais être indépendante et autonome, n'avoir besoin de personne. »

Elle pleure à chaudes larmes.

« Qu'est-ce qui vous fait pleurer ?

– Je suis faible et ça me fait honte. »

Jasmine vit à plus de mille kilomètres de sa famille. Elle voudrait n'éprouver aucune émotion et se réfugie dans des fantasmes de supériorité intellectuelle et de beauté parfaite (et non incarnée : elle ne peut même pas me donner un exemple d'actrice ou de top-modèle à qui elle aimerait ressembler). Elle croit que si elle était parfaite physiquement et intellectuellement, elle serait sûre d'être aimée.

Éloge de la passivité, de la vulnérabilité et autres vices

Aujourd'hui, les valeurs yin, autrement dit les valeurs du féminin, sont si dénigrées que j'avais envie de nommer une des parties de ce livre « Éloge de la passivité, de la vulnérabilité et autres vices ».

L'un des actes les plus essentiels qui soit est de mettre un enfant au monde. Or, que doit faire une femme pour mettre un enfant au monde ? Rien. Ou le moins possible. Juste accueillir, prendre soin d'elle-même et attendre. Comment dire mieux que la passivité est nécessaire à la vie ?

Nous avons oublié l'importance du repos, de l'intériorité et de la réflexion, préalables nécessaires à une action juste, consciente. Nous avons oublié qu'un arbre doit plonger ses racines profond dans la terre s'il veut monter haut vers le ciel. Et que cela prend du temps.

Il est aussi important de savoir être passif que de savoir être actif.

Il est aussi important de connaître sa force que d'accepter sa vulnérabilité. Elle est notre réalité à tous. Or, le contact avec la réalité nous donne de la force. Vulnérabilité et puissance forment un couple indissociable.

Il est aussi important de savoir être indépendant que de savoir être dépendant. Si vous le voulez bien, retrouvons Élise, mère de trois enfants, là où nous l'avons laissée :

« Et maintenant, là tout de suite, avec moi, est-ce que vous vous sentez infériorisée ? »

Elle a du mal à le dire, puis se lance :

« Oui. Je dépends de vous pour comprendre tout cela. Je devrais ne pas avoir besoin de vous. »

Elle m'avait expliqué également quelques minutes auparavant qu'il n'était pas question pour elle de confier ses enfants une heure ou deux à une autre mère de famille. Je le lui rappelle. Elle insiste :

« Beaucoup de mères me confient leur enfant. Moi, je ne veux pas ».

Je réponds : « Imaginons que je vous confie mes enfants une fois, deux fois et que vous ne le fassiez pas en retour… Cela va finir par me gêner. C'est moi qui me sentirais infériorisée et je n'oserais plus le faire. Il n'y aura plus d'échange. »

Paradoxalement, sa volonté d'autonomie fait d'Élise une esclave. De sa famille, de son mari. Concrètement, elle ne peut même pas s'absenter une heure pour aller danser. Elle est pieds et poings liés. Un esclavage volontaire et absolu.

« Votre besoin de moi, lui, est relatif, lui dis-je. C'est une dépendance provisoire qui va durer le moins longtemps possible. »

Dans notre société où les valeurs viriles d'action, de compétition et de performance sont mises au pinacle, la dépendance a mauvaise presse. Elle est presque devenue synonyme de déchéance. Elle est diabolisée. En réalité, nous avons tous besoin les uns des autres et nous sommes dépendants de ceux que nous aimons. Heureusement, car c'est ainsi que se créent des liens. L'échange, c'est la vie. Interrompre ce processus, c'est comme mettre le pied sur un tuyau d'arrosage. La vie ne peut plus passer. C'est seulement quand elle est absolue que la dépendance devient dangereuse, elle est alors une drogue. Nous y perdons notre force, nous y perdons notre âme.

C'était le cas hier des femmes envers les hommes. Depuis,

beaucoup d'entre elles se voudraient autonomes de façon absolue vis-à-vis des hommes, comme pour compenser la dépendance absolue dans laquelle auparavant elles se trouvaient. Elles ne s'autorisent à demander aucun soutien, sous peine d'humiliation. Cela s'appelle jeter le bébé avec l'eau du bain.

Au fil des siècles, le système patriarcal, gouverné par les seules valeurs masculines, s'est raidi et rigidifié. Sans le contrepoids des valeurs féminines, il a tourné à la caricature. Sans souplesse, sa fermeté est devenue sclérose. Sa capacité d'action, sans temps d'intériorité et de repos, a tourné à l'activisme. Son pouvoir de pénétration, sans les limites de l'attention à l'autre, est devenu violence et domination. Il faut posséder, accumuler, amasser. Toujours plus. C'est la toute-puissance de l'avoir au détriment de l'être. Le progrès matériel fut longtemps seul censé nous apporter le bonheur. Nous commençons tout juste à prendre conscience non seulement de ses limites mais des dégâts que sa poursuite effrénée occasionne, aussi bien à l'échelle de la planète que dans nos vies.

Je l'ai déjà dit, je le répète : il serait absurde de passer d'un extrême à l'autre, de réhabiliter dans nos vies nos valeurs féminines aux dépens de nos valeurs masculines. Ce serait accorder à un enfant trop de récréation, donner trop d'importance à nos émotions au détriment de notre travail, de notre efficacité ou de notre raison.

La difficulté est de trouver l'équilibre entre les deux pôles de notre être. Comme nous le rappellent encore (heureusement qu'ils sont là !) les symboles du yin et du yang, féminin et masculin sont indissociables. De même que femmes et hommes sont égaux en droit, valeurs féminines et masculines sont d'égale importance devant la vie. Elles sont différentes et complémentaires. Elles ont besoin les unes des autres. Dans le symbole du tao, le yin et le yang s'interpénètrent. On dirait qu'ils dansent.

Le pari aujourd'hui, pour les hommes comme pour les femmes, est de réussir à harmoniser leurs « centres » féminin et masculin, sans laisser le pouvoir à l'un au détriment de l'autre. Le symbole du tao nous montre le chemin et c'est celui du milieu.

Il est urgent de retrouver notre équilibre intérieur. De guérir notre féminin blessé.

2.

La femme ressuscitée

Mère ou putain ?

Il est de bonne humeur, il a la soixantaine et il est psychothérapeute. Nous étions de retour de Salon-de-Provence dans le sud de la France. Nous avions été tous les deux invités à faire une conférence sur le thème « Guérir de ses relations amoureuses ». Dans la voiture, nous parlions des relations hommes-femmes. J'ai dit :

« Avec un homme, une femme devrait pouvoir explorer toutes ses facettes : la mère, la petite fille… »

Il a voulu finir ma phrase :

« … Et la putain. »

Il avait prononcé ce mot avec douceur, tendresse et presque du respect. J'en suis restée sans voix. Je pris tout à coup conscience qu'il n'existait dans la langue française aucun autre mot que « putain » pour qualifier une femme qui vit sa féminité dans la plénitude. Comme si dans l'imaginaire masculin et, partant, dans le nôtre, une femme féminine et seulement féminine était une « putain ». À la rigueur, une « salope ».

Comme pour confirmer mon hypothèse, hier soir en allumant la télévision, je me suis trouvée nez à nez avec l'humoriste Jean-Marie Bigard[1] : « Hier, j'suis allé en boîte, ils avaient fait un lâcher de salopes, c'était de l'élevage... » Ce matin, je cherchais sur Internet les références de ce sketch et je découvris ainsi une source inépuisable d'exemples. En voici un échantillon. À la radio[2], une jeune femme vient de chanter en direct ; l'invité est un autre humoriste, Guy Bedos. Il est dithyrambique : « Hou-la-la, elle n'a pas un physique de radio, celle-là ! Comme elle bouge, ce n'est pas du racolage passif, c'est du racolage actif ! » Et il lance : « La salope ! » Dans un de ses sketchs, intitulé d'ailleurs « Toutes des salopes », il s'exclamait déjà : « Qu'est-ce qu'elles sont belles ces nanas ! Ah, les salopes ! Salopes ! » Quant à Doc Gynéco, il chante : « Quoi qu'on dise sur toi, t'es ma salope à moi[3]. »

Cela n'en finit pas. Au moment où je relis ces lignes, je viens de saisir au vol, toujours à la télévision, la rediffusion d'un extrait de pièce de théâtre[4] : « Il y a deux sortes de femmes, dit l'un des acteurs, les moches et les salopes. » N'en jetez plus, j'arrête la litanie.

S'il est vrai, comme l'affirme Lacan, que les mots structurent l'inconscient comme un langage, le constat peut inquiéter.

Je me souvins que beaucoup de femmes m'avaient confié

1. « Le lâcher de salopes », *Bigard Bonrre Bercy*, 2001.
2. Émission « Le fou du roi », France Inter, 22 avril 2003, 11 h 25.
3. CD *Première consultation*, 1996.
4. 21 avril 2007, TF1, avec Francis Perrin et Michèle Bernier.

se faire traiter au lit de « salope » par l'homme qu'elles aiment. Comme si c'était pour eux le seul moyen de différencier la femme de la mère. De leur mère ?

À l'inverse, du moment où elles avaient accouché, leurs compagnons, du jour au lendemain, les sacralisaient. Elles étaient devenues la mère de leur enfant. Ils les considéraient désormais comme intouchables. Ils ne les désiraient plus.

Dans un numéro spécial de Elle[1], *une lectrice raconte sa difficulté à retrouver la belle entente sexuelle qu'elle avait auparavant avec son mari. Depuis qu'elle est maman, il lui répète qu'elle est la femme de ses rêves, la mère de sa fille et il ne la touche plus.*

Elle a acheté des dessous sexy, a même pris des cours de strip-tease. Sans succès. Lorsqu'il accepte – rarement – de faire l'amour, c'est dans le noir le plus total et dans le lit conjugal.

Ils avaient appelé leur enfant Marie et il avait commenté : « Marie, c'est pur comme la Sainte Vierge. » Sur le moment, elle n'avait pas relevé.

Le phénomène concerne aussi bien les hommes que les femmes. Beaucoup d'entre elles, avec le père de leur enfant, ne se donnent pas droit au plaisir. Seulement celui de procréer. D'autres, nombreuses, une fois devenues mères, n'ont plus aucun désir sexuel. Elles ne parviennent à l'orgasme

1. « C'est mon histoire », sous la direction de Laurence de Cambronne, *Elle*, 2006.

qu'en trompant leur mari. Ou en se faisant traiter de « salopes ».

Comme si la femme n'existait pas. Comme si, en dehors de nos rôles de mère ou de fille, il n'y avait de place que pour… la putain. La mère ? Mise d'office sur un piédestal. La fille ? Seulement dans la séduction, à l'image des top-modèles de magazines. La femme, elle, est forcément « d'affaires », « d'action » ou « de tête ». Surtout pas féminine. Sous peine de passer pour une salope. Ou une putain.

Depuis des générations, la religion judéo-chrétienne forge notre esprit, conditionne notre vision du monde, canalise nos pulsions et nos désirs. Que nous soyons ou non croyants, elle a imprimé les mentalités de nos ancêtres, de nos parents et nous imprègne ainsi depuis notre plus tendre enfance. Ses messages hantent nos mémoires avec d'autant plus de virulence qu'ils sont devenus souterrains, inconscients. C'est la raison pour laquelle il me semble essentiel d'identifier à la source ces influences invisibles, premier pas pour s'en libérer.

C'est d'abord au travers de personnages considérés comme sacrés que la religion modèle encore aujourd'hui, par la puissance de ses symboles, nos représentations du féminin.

C'est seulement en l'an 431 qu'à la demande des fidèles, l'Église finit, au concile d'Éphèse, par autoriser le culte de la Vierge Marie. Depuis, la mère de Dieu est notre seule représentation officielle. Autrement dit, la seule représentation acceptable de la femme est la mère. La sexualité ne peut avoir d'autre but que la procréation.

Par ailleurs, selon le dogme catholique de l'Immaculée Conception, Marie, mère de Dieu, a été conçue sans péché. Contrairement à nous. Elle nous est donc inaccessible. Dans nos représentations, être mère, c'est être au-dessus du monde, presque sanctifiée d'office. C'est être mise sur un piédestal. Sur un trône. Être parfaite. Nous avons hérité du catholicisme une vision du féminin désincarnée, vidée de sa substance. Asexuée.

L'apôtre des apôtres : une femme

C'est par hasard que j'ai pris conscience de la force, de la puissance et de l'impact de ces symboles. À l'initiative d'un ami, par ailleurs athée convaincu, je suis allée visiter la basilique de Vézelay en Bourgogne. Je ne connaissais pas cet endroit. Je savais seulement qu'il était un lieu de pèlerinage réputé dans le monde entier. Il avait été le point de départ d'une croisade lancée par saint Bernard de Clairvaux, en 1146.

Une lumière jaune d'or baignait l'église qui dégageait une impression de paix, de sérénité, de clarté. Tout au fond de la nef, je vis une petite porte qui, au moment où je le raconte, me fait penser à celle que poussa Alice au pays des merveilles dans le conte de Lewis Carroll.

Je descendis un escalier étroit et sombre. J'arrivai alors dans une pièce à peine éclairée. La crypte (du grec *kruptos*,

« caché ») me faisait penser à des oubliettes, comme si nous étions dans un cachot. Devant une grille noire, je distinguai une pancarte. Elle était rédigée à la main, de façon sommaire. Il faisait sombre, j'eus du mal à la déchiffrer. Il était écrit que se trouvaient là les reliques de sainte Marie-Madeleine. Et que, du jour où elles furent transférées à l'abbaye de Vézelay au IXᵉ siècle, les pèlerins commencèrent à affluer de partout dans le monde. C'était écrit noir sur blanc.

J'étais stupéfaite. Cela impliquait un total renversement de perspective. Ce n'était donc pas à Bernard de Clairvaux que le lieu devait sa célébrité mais bien le contraire. Bernard de Clairvaux l'avait choisi comme point de départ des croisades à cause de sa célébrité. C'était en réalité à Marie-Madeleine que la basilique devait son rayonnement.

Pas à un homme, mais à une femme.

À la sortie, j'achetai un livret touristique. J'y appris alors que le vrai nom de la basilique de Vézelay était « basilique Sainte-Marie-Madeleine ». Pourquoi n'était-il pas prononcé par l'Église ? Je ne l'avais en tout cas jamais entendu nommé ainsi auparavant.

Je fis une troisième découverte, plus surprenante encore. Sur le plan théologique, savez-vous comment est appelée Marie-Madeleine ? L'« apôtre » des apôtres. C'est elle en effet qui, la première, annonça aux apôtres la Bonne Nouvelle. Comment se faisait-il que la première des apôtres soit ainsi, dans tous les sens du terme, reléguée aux oubliettes ? Sur place, la boutique de souvenirs religieux vendait des icônes du Christ, de Marie, des apôtres. Aucune de Marie-

Madeleine. Son importance, y compris sur le lieu même où reposaient ses reliques, était occultée. Au regard de sa dimension théologique, la mise au rancart de ce personnage sacré, représentant par excellence la femme, me parut hautement symbolique. À travers elle, le féminin en son entier était considéré comme honteux. Relégué aux oubliettes.

Je me souvins alors des sermons dominicaux de mon enfance. Le prêtre parlait de Marie-Madeleine comme d'une femme de mauvaise vie. Elle était montrée du doigt, dénigrée. Désignée comme une prostituée.

C'est ainsi que dans notre imaginaire, nous avons hérité de deux archétypes de femmes. Le premier est la Sainte Vierge, mère asexuée et inaccessible. Le second, en la personne de sainte Marie-Madeleine, est assimilé à une putain.

Je commençais à comprendre pourquoi tant de femmes identifiaient le féminin au maternel et seulement au maternel. Pourquoi, pour elles, être femme, c'était uniquement être mère. Beaucoup vont même jusqu'à s'occuper de leur homme comme d'un enfant, le prenant en charge à tout point de vue, y compris parfois financièrement. Quitte à le lui reprocher ensuite.

Je commençais à comprendre pourquoi tant de femmes ne se donnaient pas droit au plaisir. Beaucoup s'interdisent [1]

1. Selon la gynécologue Danièle Flaumenbaum, 85 % des femmes ne connaissent pas l'orgasme (*Femme désirée, femme désirante*, Payot, 2006). Même constat d'Isabelle Yhuel, journaliste qui a enquêté sur *Les Femmes et leur Plaisir*, J.-C. Lattès, 2001. Sur 80 % des femmes rencontrées, plus de la moitié reconnaissaient être obligées de simuler.

l'orgasme. De peur de passer pour une putain. Enfin je comprenais l'une des raisons pour lesquelles tant et tant de femmes, bien plus que les hommes, se dévalorisaient. Dans notre inconscient collectif, ce qu'il y avait chez elles de plus intime, peut-être de plus sacré, était dénigré, avili, rabaissé. L'image qu'elles avaient du féminin, de la femme et de sa jouissance, était dégradante. J'étais indignée.

À mon retour de Vézelay, je me précipitai sur les Évangiles pour les relire.

Nulle part il n'y était dit que Marie-Madeleine était une prostituée.

En 1969, le Vatican a publié un démenti : « Marie-Madeleine n'est pas une prostituée. » Déclaration promulguée dans la plus grande discrétion, pour ainsi dire dans l'intimité. Comme pour entériner le fait que, dans notre conscience collective, elle est bel et bien considérée comme telle. Enfoncer le clou encore plus profond dans la plaie ouverte de la féminité.

L'Église reconnaît ainsi implicitement avoir jusque-là dans ses sermons calomnié et diffamé la seule femme libre de l'Évangile. Avoir relégué l'apôtre des apôtres aux oubliettes de l'Histoire. Pourquoi ?

À l'époque où les Évangiles sont rédigés, la plupart des hommes pieux commencent leur journée en remerciant Dieu de ne pas les avoir créés « infirmes, pauvres ou femmes ». Les femmes étaient considérées comme des mineures. Il est donc normal qu'aucune d'elles n'ait jamais été mise en valeur par la structure patriarcale par excellence qu'est l'Église. Marie-Madeleine n'entre dans aucune structure connue. Elle détonne. Il n'est pas étonnant que son rôle auprès de Jésus ait été minimisé par ce digne représentant du patriarcat qu'est le clergé.

Sa place aux côtés du Christ est en réalité beaucoup plus importante que celle que l'Église a bien voulu lui concéder. Elle est une de ses proches disciples, peut-être la plus proche. Elle est le premier témoin de sa Résurrection. Elle était une femme, dans la plénitude de sa féminité, d'une étonnante modernité, en avance sur son temps.

Et même en avance sur notre temps.

Son message n'a pu être entendu. Pourrait-il l'être aujourd'hui ? Pas si sûr. Faisons un rêve. Imaginons que Marie-Madeleine reprenne sa juste place dans nos représentations. Quel archétype de femme nous proposerait-elle ? Elle me semble révolutionnaire, y compris pour nous aujourd'hui, y compris si nous ne sommes pas croyants. Il me vient à l'esprit qu'à sa manière, Marie-Madeleine, elle aussi, avait été crucifiée, parce qu'elle était une femme ; et qu'il nous appartenait de la réhabiliter, de la ressusciter dans nos pensées et, pourquoi pas, dans nos vies.

Après lecture, relecture et exploration de la tradition, voici ce que, à titre personnel, j'en ai retenu. Indépendamment de toute religion, puisse cette libre interprétation vous inviter à redécouvrir ces textes magnifiques.

Marie-Madeleine, incarnation du féminin

Jésus lui dit : « Marie ! » Elle se retourna et lui dit en hébreu : « Rabouni ! *» Ce qui signifie « Maître chéri ».* [1]

Ce diminutif montre la relation d'affection et d'amour qui unissait le Christ et Marie-Madeleine. C'est à elle que Jésus apparaît en premier, juste après la Résurrection. À une femme. À travers Marie-Madeleine, le Christ reconnaît la valeur de la femme. Le masculin reconnaît la valeur du féminin. Mieux, il lui accorde la primauté.

N'en est-il pas de même dans nos vies ? Une action juste est souvent précédée d'un temps de réflexion, voire de repos. Elle émane de la profondeur de nous-mêmes. Avant de donner, exprimer, penser, raisonner, déduire, il est nécessaire de d'abord sentir, percevoir, recevoir, porter en soi. De même, en général, une parole n'est juste que si elle est précédée d'un temps d'écoute. En principe, le féminin est préalable au masculin. À travers Marie-Madeleine, Jésus reconnaît symboliquement la valeur primordiale, au sens de « venant en premier », du principe féminin.

D'autre part, la Résurrection est le symbole de la joie qui succède à la souffrance, comme un soleil toujours présent derrière les nuages. Elle est le symbole de la foi en la vie. Marie-Madeleine, incarnation du principe féminin, en est le premier témoin.

Marie-Madeleine est décrite comme une pécheresse. Et

1. Jean, XX, 16.

alors ? Jésus disait : « Je ne suis pas venu pour les Justes, mais pour les pécheurs. » Le verbe « pécher » en hébreu signifie « manquer sa cible ». Reconnaître ses péchés, c'est donc reconnaître ses erreurs de trajectoire. C'est ajuster le tir. Et la cible selon l'Évangile, c'est la vérité et la vie. C'est-à-dire ce qui en nous est vrai, vivant, authentique. En ce sens, comme Marie-Madeleine, nous sommes tous plus ou moins des pécheurs. Nous pouvons ensuite faire comme elle le choix de ce qui, en nous, est du ressort de la vie. Ou de ce qui est mort (l'accumulation de richesses et d'honneurs au détriment de l'être). Aux pharisiens, grands prêtres de l'époque, le Christ lançait : « Vous ressemblez à des sépulcres blanchis qui paraissent beaux au-dehors, et qui, au-dedans, sont pleins d'ossements de morts et de toute espèce d'impuretés[1]. »

L'autre partie de nous

Les pharisiens, c'est nous quand nous sommes pétris de bonne conscience, que nous nous croyons parfaits, supérieurs, que nous nous autorisons à porter des jugements définitifs sur les autres et sur nous-mêmes. En réalité, nos erreurs, à condition de les reconnaître, sont autant de marches vers une meilleure connaissance de soi et de la vie. Une expérience dont nous pouvons tirer les leçons, parfois dans les larmes. Marie-Madeleine, c'est l'autre partie de

1. Matthieu, XXIII, 27.

nous, qui pleure parce qu'elle est passée à côté de la vie, de sa vie.

Elle a été délivrée par Jésus de sept démons. Le chiffre 7 symbolise l'infini. Elle avait comme vous et moi infiniment de défauts, elle était imparfaite. Contrairement à Marie qui, selon le dogme catholique, est née sans péché, nous pouvons sans difficulté nous identifier à Marie-Madeleine.

Les sept péchés capitaux sont l'envie, l'orgueil, la paresse, la colère, l'avarice, la luxure et la gourmandise. Selon la plupart des Pères de l'Église[1], ce sont au départ des désirs légitimes, dirigés dans une mauvaise direction. Lorsque nous y sombrons, nous nous trompons de cible. Au lieu de viser la joie de vivre, nous visons ce qui, croyons-nous, nous permettra de l'atteindre, comme l'argent, le pouvoir, le sexe, la gloire ou même l'amour. Lorsque ces désirs deviennent absolus, notre dépendance devient absolue, comme une drogue. Libérée de cet esclavage, Marie-Madeleine a pu retrouver sa voie : la joie.

C'est le pape Grégoire Ier le Grand, Père et docteur de l'Église, réformateur de la liturgie, qui a souligné le premier, au VIe siècle, que Marie-Madeleine, Marie de Magdala et Marie de Béthanie, sœur de Marthe et de Lazare, étaient une seule et même personne. Il a ainsi rendu à la femme sa cohérence. Pécheresse – comme vous et moi –, elle est guérie par l'amour et devient le premier témoin de la résurrection du Christ. Elle nous montre ainsi

1. Voir Évagre le Pontique, *Praxis et gnosis*, introduction et traduction de Jean-Yves Leloup, Albin Michel, 1992.

un chemin de renaissance, de transformation et de *libération.*

Marie-Madeleine renverse une livre de nard pur de grand prix sur les pieds de Jésus[1]. De nombreux textes anciens nous apprennent que ce parfum de luxe est un produit de grande valeur, monétaire comme spirituelle. *Marie-Madeleine était une femme riche.* Elle était en effet propriétaire du château de Magdalon, près de Jérusalem, dont elle avait hérité. Selon Jacques de Voragine[2], elle était issue de parents « les plus illustres, puisqu'ils descendaient de la race royale ».

Aux temps patriarcaux, cette autonomie dérange. Marie-Madeleine est l'archétype de la femme libre. Elle existe par elle-même sans être la fille de, l'épouse de, ni la mère de. Comment concevoir à cette époque qu'une femme ne soit dépendante d'aucun homme : père, mari ou même fils dont elle assurerait la régence ?

Réhabiliter le personnage de Marie-Madeleine, c'est donner enfin aux femmes l'autorisation d'être riches, sans dépendre de quiconque ni avoir besoin, conformément au cliché, d'épouser un milliardaire. De par son existence même, Marie-Madeleine nous dit que, comme elle, toutes les femmes méritent d'être riches[3].

En revanche, son argent n'est pas un but en soi. Sous forme de parfum, elle le répand autour d'elle. Elle ne

1. Jean, XII, 3.
2. Jacques de Voragine, *La Légende dorée*, Flammarion, 1967.
3. Olivier Seban, *Toutes les femmes méritent d'être riches*, Maxima, 2007.

cherche pas à amasser, à accumuler des biens, elle les met au service de ce à quoi elle croit. Même si elle accorde à sa vie matérielle la place qu'elle mérite, son geste prouve qu'elle accorde autant d'importance, sinon plus, à sa vie spirituelle. Sa richesse la rend libre, elle n'en est pas ou n'en est plus l'esclave. Elle est un tremplin vers la liberté, lui permet d'exercer son indépendance d'esprit, de faire ses propres choix, parfois à contre-courant de la société dans laquelle elle vit. Elle ose braver la « pensée unique » de l'époque.

Par exemple en nous montrant qu'il est possible d'être femme sans être mère. Il nous a fallu attendre l'avènement de la loi Neuwirth en 1967 pour le comprendre, au moins en théorie. Et encore, en pratique, c'est toujours aussi difficile pour les 10 % de femmes dont c'est le cas en France. « Une femme sans enfant n'est pas une femme », ai-je encore entendu dire il y a quelques jours par une autre femme[1] ou encore : « Vous avez le droit de ne pas faire d'enfant mais vous n'êtes pas épanouie. »

L'amour guérit

Ce qui caractérise Marie-Madeleine ? L'amour. Pas celui d'une mère envers son enfant, mais d'une femme envers un homme. Elle touche Jésus, l'embrasse, le caresse de ses cheveux. Elle donne autant d'importance au corps qu'à l'âme et à l'esprit. « À ses pieds tout en pleurs, elle se mit à les arroser

1. « Être femme sans être mère », France 5, 17 avril 2007, 20 h 30.

de ses larmes et à les essuyer avec les cheveux de sa tête, et elle les baisait et les oignait de parfum[1]. » Signalons que Jésus vient de ressusciter d'entre les morts son frère Lazare[2]. Marie-Madeleine a donc quelque raison d'être bouleversée. Sa sensualité est encouragée par Jésus qui la laisse faire et même l'approuve, au grand dam de son hôte, un pharisien, qui se garde bien d'exprimer ses pensées. Jésus lui répond pourtant comme s'il avait formulé haut et fort son indignation :

> *Vois-tu cette femme ? Je suis entré dans ta maison, et tu ne m'as pas donné d'eau pour laver mes pieds ; mais elle, elle les a mouillés de ses larmes, et les a essuyés avec ses cheveux. Tu ne m'as point donné de baiser ; mais elle, depuis qu'elle est entrée, elle n'a pas cessé de me baiser les pieds. Tu n'as pas oint ma tête d'huile, mais elle a oint mes pieds de parfums.*

C'est Marie-Madeleine en nous qui est capable d'amour, pas le pharisien imbu de lui-même qui sait tout et se croit au-dessus de la mêlée.

Trop souvent pour nous, « Je t'aime » signifie en réalité « J'ai besoin de toi ». Marie-Madeleine nous apprend à aimer. Elle nous apprend à être nous-mêmes, à respecter ce que nous ressentons au point de braver les conventions. À sortir de la solitude et de l'incommunicabilité.

Le premier commandement du Christ est : « Aime ton

1. Luc, VII, 38.
2. Voir Jean, XII, 1, ainsi que Jean, XI, 2.

prochain comme toi-même ». S'aimer soi-même, c'est être capable de reconnaître en nous, hommes ou femmes, notre manque, notre imperfection fondamentale, notre incomplétude. S'accepter avec l'infinité de ses défauts et en même temps être en route vers le meilleur de soi. C'est à cette seule condition que nous serons capables d'accepter les manques et les imperfections de l'autre. S'aimer soi-même est alors l'exact contraire de l'égoïsme :

> *C'est pourquoi je te le dis, ses nombreux péchés ont été pardonnés, car elle a beaucoup aimé*[1].

Traduction : c'est l'amour qui guérit. Il met du baume sur nos blessures, nous permet de vivre avec elles, parfois de les faire disparaître à jamais. La vie entière de Marie-Madeleine est pour nous toutes, femmes en mal d'amour et d'attention, un chemin de guérison.

Qui va s'occuper du ménage ?

Sa sœur Marthe s'active en cuisine pour préparer le repas dans sa maison de Béthanie. Marie-Madeleine, elle, reste assise auprès de Jésus. Marthe le lui reproche. Jésus intervient : « Elle a choisi la meilleure part, elle ne lui sera pas enlevée. » Dérangeant, n'est-ce pas ? Il apparaît là l'une des raisons concrètes pour lesquelles la personne de Marie-Madeleine, si elle avait pris auparavant sa pleine mesure,

1. Luc, VII, 47.

aurait tant risqué de remettre en cause l'ordre établi. La question posée n'est pas seulement : « Qui va garder les enfants[1] ? » mais : « Qui va s'occuper du ménage et de la cuisine ? ».

En effet, la femme qu'elle incarne n'a pas pour priorité l'organisation de la maison. Elle ose être elle-même, suivre son désir, attentive à celui qui a dit : « Je suis le chemin, la Vérité et la Vie. » Marie-Madeleine est l'image même de la réceptivité. De l'intériorité.

Selon les Pères de l'Église, Marthe symbolise l'Occident qui s'active, par exemple dans des œuvres humanitaires autrefois appelées « œuvres de charité ». Marie-Madeleine, elle, symboliserait l'Orient, plus contemplatif. Marthe et Marie-Madeleine vivent en chacun et chacune de nous. Et nous avons souvent tendance nous aussi, comme l'a fait l'Église, à mettre Marie-Madeleine aux oubliettes au profit de Marthe. Toutes deux nous sont indispensables. La contemplation, si elle n'est pas préalable à l'action, peut tourner à l'attentisme. Sans intériorité, l'action tourne à l'agitation, voire à l'activisme. L'efficacité devient pur matérialisme dénué de sens.

Marie-Madeleine incarne successivement tous les aspects de la femme, du plus charnel au plus spirituel : la pécheresse, la contemplative, l'amie intime de Jésus. L'ouvrage qui fait référence en matière de vie des saints, écrit par des moines bénédictins, la décrit comme l'incomparable amante du

1. Question posée par Laurent Fabius en 2007 à l'adresse de Ségolène Royal, candidate à la présidence de la République.

Seigneur[1]. Lorsqu'elle le rencontre pour la première fois après sa Résurrection, il lui dit :

> *Ne me touche pas. Je ne suis pas encore retourné près du Père*[2].

Une fois traversée l'épreuve de l'absence, l'amour charnel, fusionnel, peut se transformer en amour spirituel. Marie-Madeleine est en train de dépasser ce stade. Son lien à Jésus participe encore des deux mondes, il apparaît ici en pleine métamorphose.

Jésus et Marie-Madeleine : l'union du masculin et du féminin

Cette nouvelle vision de Marie-Madeleine fit sur moi l'effet d'une petite bombe. Elle m'incita à poursuivre mes recherches. Marie-Madeleine apparaît peu dans le Nouveau Testament, elle est en revanche omniprésente dans les Évangiles des premiers temps du christianisme. En 397, lors du concile de Carthage, l'Église avait déclaré ces textes hors-la-loi, les qualifiant d'« apocryphes » (du grec *apokruphos* qui signifie « soustrait au regard, secret »).

« Apocryphes » ne signifie donc pas qu'ils soient faux.

1. R.P. Piolin Paul, OSB, *Les Petits Bollandistes, Vies des saints*, Palmé, 1867, cité in France Schott-Billmann, *Le Féminin et l'amour de l'autre*, Odile Jacob, 2006.
2. Jean, XX, 17.

Dans ces Évangiles secrets, le lien qui unit Jésus et Marie-Madeleine est rapporté dans toute son ampleur. Ainsi que la misogynie de Pierre. Il affirme haut et fort que « les femmes ne sont pas dignes de la vie éternelle[1] » et, à ce titre, demande explicitement[2] à Jésus d'exclure Marie-Madeleine.

Je m'appuierai ici sur les Évangiles de Philippe, de Pierre, de Barthélemy, de Thomas et sur celui qui est attribué à Marie-Madeleine elle-même : l'Évangile selon Marie de Magdala, dans lequel elle est souvent appelée Myriam. Dans la plupart de ces écrits, Jésus est à ce point proche d'elle que cette relation éveille la jalousie des autres disciples :

Les autres disciples Le virent aimant Myriam, ils Lui dirent : « Pourquoi l'aimes-Tu plus que nous tous ? » Il répondit : « Comment se fait-il que je ne vous aime pas autant qu'elle ? »[3]

Ou encore, toujours dans l'Évangile de Philippe :

Jésus aimait Myriam plus que tous les disciples.

Dans certains de ces textes retrouvés à Nag Hammadi en 1945 dans le sable du désert d'Égypte, Jésus appelle Marie

1. Évangile selon Thomas, 114.
2. *Ibid.*
3. Évangile selon Philippe, 44b, 45.

« la bienheureuse en son élocution[1] » ou encore « celle qui peut concevoir le Tout ». Ce qui n'est pas rien.

Elle aurait été choisie par Jésus pour recevoir une révélation[2]. Ce choix suscite à nouveau une vive réaction de Pierre :

> *Est-il possible, dit-il, que le Seigneur se soit entretenu ainsi avec une femme sur des secrets que nous, nous ignorons ? Devons-nous changer nos habitudes ; écouter tous cette femme ? L'a-t-il vraiment choisie et préférée à nous[3] ?*

Des secrets ? Il semblerait qu'il s'agisse des aspects plus intérieurs, spirituels et mystiques du christianisme. Par opposition à la religion officielle, institutionnelle et moraliste. Contrairement à la tradition des premiers temps, les catholiques communient seulement au pain. Or, le vin est le symbole de la grâce, de la vie intérieure, spirituelle. Il est aujourd'hui réservé aux seuls prêtres. Comme si ce versant du christianisme avait été confisqué aux fidèles.

Comme si le versant féminin du christianisme leur avait été confisqué.

Et pour cause. Dans ces Évangiles secrets, il est par exemple dit et répété que « Dieu est en nous ». Affirmation qui, à elle seule, si elle avait été communément admise, aurait considérablement affaibli le pouvoir politique du pape et de l'Église. Les structures patriarcales en auraient

1. Dans *Pistis Sophia.*
2. Évangile selon Myriam, XVII, 9-20.
3. *Ibid.*, XVII, 18-22.

été profondément ébranlées. Bien d'autres affirmations sont tout aussi dérangeantes : « Il n'y a pas de péché[1] », « N'imposez aucune règle[2] ». L'information la plus troublante pour l'Église et pour les mentalités patriarcales se trouve dans l'Évangile de Philippe. Il y est clairement indiqué que Myriam de Magdala était la compagne de Jésus[3].

> *Trois marchaient toujours avec le Seigneur. Marie sa mère, et la sœur de celle-ci, et Myriam de Magdala, que l'on nomme sa compagne, car Myriam est sa sœur, sa mère et sa compagne*[4].

Et Philippe de préciser : « Il l'embrassait souvent sur la bouche[5]. »

Pourquoi Jésus n'aurait-il pas eu de sexualité ? Selon le dogme chrétien, il est à la fois pleinement homme et pleinement Dieu. Aucune raison théologique ne saurait donc l'en empêcher. Au contraire. Valeurs divines et valeurs humaines sont à égalité dans le christianisme. C'est là son originalité par rapport aux autres religions. Ni mépris de Dieu au nom de la chair ni mépris de la chair au nom de Dieu[6]. C'est pour l'union de ces deux natures que les Pères de l'Église ont toujours lutté. Saint Jean, par exemple, combattait avec

1. Évangile selon Myriam, VII, 15.
2. *Ibid.*, IX, 1.
3. Évangile selon Philippe, LIX, 6-11.
4. *Ibid.*
5. *Ibid.*, LXIII, 34-64.
6. Eugraph Kovalesky, *Le Verbe incarné*, Patrimoine, 1985.

force ceux qui rejetaient la chair par mépris de la matière et niaient ainsi la réalité concrète et la plénitude de l'humanité du Christ[1].

Bien des auteurs[2] soulignent que le baiser sur la bouche signifie le partage du même souffle, d'un même esprit. Certes. Il est bien connu qu'il y a plusieurs niveaux d'interprétation de l'Évangile, tant historiques que symboliques. Les uns n'empêchent pas les autres. L'union de Jésus-Christ et de Marie-Madeleine est un fait historique, puisqu'il a été rapporté par de nombreux témoins. Il est en même temps un archétype et un symbole. Mais de quoi ?

> *Levi prit la parole : « Pierre, tu as toujours été un emporté ;*
> *Je te vois maintenant t'acharner contre la femme,*
> *Comme le font nos adversaires.*
> *Pourtant si l'Enseigneur l'a rendue digne,*
> *Qui es-tu pour la rejeter ?*
> *Assurément, l'Enseigneur la connaît très bien...*
> *Il l'a aimée plus que nous.*
> *Ayons donc du repentir,*
> *Et devenons Homme dans son entièreté*[3]. »

Dans le texte original, le mot utilisé pour « Homme » est *anthropos*, autrement dit « être humain » et non pas *andros*,

1. *Ibid.*
2. Frédéric Lenoir, Marie-France Etchegoin, *Code Da Vinci : l'enquête*, Robert Laffont, 2004.
3. Évangile selon Myriam, XVIII, 8-16.

qui signifierait « homme » au sens masculin du terme. Devenir des êtres humains à part entière, homme et femme à la fois, c'est le défi qu'au travers Marie de Magdala, le Christ, semble-t-il, lance à l'humanité. Le thème revient à plusieurs reprises dans l'ensemble des Évangiles apocryphes. Marie-Madeleine le dit et le répète : « Toute femme qui se fera Homme entrera dans le royaume de Dieu[1]. » Autrement dit, trouvera la paix intérieure. Ou encore : « Il nous appelle à être pleinement humains[2]. » Quant à Thomas, il écrit :

> *Lorsque vous ferez les deux êtres un [...] que vous ferez le dedans comme le dehors, le mâle et la femelle en un seul, afin que le mâle ne soit plus mâle et que la femelle ne soit plus femelle [...], alors vous entrerez dans le Royaume*[3].

Dieu est aussi une femme

Pour résumer, lorsque les pôles masculin et féminin en nous sont réunis, nous trouvons la paix intérieure. Autrement dit, nous entrons dans le Royaume, autrement dit, nous rencontrons Dieu, chacun selon ses croyances et peu importe ici qu'il soit chrétien, musulman ou hindouiste. Un peu comme la prise mâle dans la prise femelle laisse passer le courant électrique et permet d'allumer la lumière.

1. Évangile selon Thomas, 114.
2. Évangile selon Myriam, IX, 18.
3. Évangile selon Thomas, XXII.

Comme Jung l'a redécouvert près de deux mille ans plus tard, nous sommes tous destinés à conjuguer les aspects féminin et masculin de notre être. Nous sommes appelés à célébrer des noces intérieures dont le mariage, à l'extérieur, serait « seulement » le symbole.

Notre besoin souvent absolu, voire compulsif, de rencontrer l'âme sœur soudain s'éclaire d'un nouveau jour. Il serait aussi le reflet du désir de notre âme de rencontrer Dieu. Sur terre (c'est-à-dire à l'extérieur de nous avec une compagne ou un compagnon) comme au ciel (c'est-à-dire à l'intérieur de nous). Un message qui vient comme en écho du tout premier récit de la création :

Dieu fit l'homme à son image,
À l'image de Dieu il le créa,
Homme et femme il les créa[1].

Symboliquement, l'homme représente la loi avec son cortège de règles, d'interdits, d'ordre, d'autorité. La femme symbolise l'amour qui comprend et accepte tout. L'alliance de la Loi et de l'Amour, de l'ouverture et de la fermeté, est nécessaire pour engendrer le Verbe, c'est-à-dire l'acte juste. La Loi est la face masculine de Dieu, l'Amour sa face féminine[2]. Par leur union, Jésus-Christ et Marie-Madeleine nous montrent un chemin de réconciliation intérieure.

1. Genèse, I, 27.

2. La première est représentée par l'Ancien Testament, la seconde par le Nouveau Testament. Dans lequel il n'y a, soit dit en passant, pas la plus petite trace de moralisme.

Je ne savais pas de quoi parlait le *Da Vinci Code* quand je me suis rendue à Vézelay. Lorsque plus tard je l'ai lu, j'ai compris la raison de son succès. Rien à voir avec sa qualité littéraire, ni avec sa véracité historique toute relative, mais plutôt au message que, sous forme symbolique, il délivre. Par le biais d'un roman accessible au plus grand nombre, l'auteur véhicule – peut-être à son insu – une vérité longtemps occultée par l'Église. Il redonne sa juste place, aux côtés du Christ et à égalité avec lui, à une femme. Et non seulement à une mère. Grâce à elle, nous découvrons que Dieu est aussi une femme. Il ne tient qu'à nous de la ressusciter dans nos vies.

3.

Quand l'amour est un danger ou l'intimité voilée

Le poids du passé : l'exemple de l'avortement

Si nous sommes devenues des citoyennes à part entière, actrices désormais incontournables du monde du travail, nous sommes le plus souvent restées, dans notre vie intime, sexuelle et amoureuse, prisonnières de schémas ancestraux. À titre individuel comme à titre collectif. Un exemple : l'avortement. En France, la loi Veil l'a libéré de la clandestinité. Sur les plans social et politique, l'avancée est considérable. Sur les plans personnel et psychologique, le prix à payer pour les femmes est peut-être pire encore qu'auparavant : deuil, souffrance, culpabilité sont encore décuplés par le déni. Comment en effet pourrions-nous nous plaindre alors que nos aînées, elles, risquaient leur vie ? Ne devrions-nous pas déjà nous estimer heureuses d'avoir obtenu ce droit ?

Résultat : en moyenne, selon l'INED[1], près d'une femme sur deux avorte en France. Si depuis 1996 le chiffre des avortements diminue très légèrement, c'est uniquement en

1. Institut national d'études démographiques.

raison de la conjoncture démographique. Chaque année, il y a de moins en moins de femmes en âge d'être mères. Certaines pratiquent l'avortement de façon répétée, sans en mesurer les conséquences psychologiques. Notre souffrance, du physique, s'est déplacée au psychique. Publiquement, nos droits ont été reconnus. Dans l'intimité, ce sont nos émotions qui sont passées dans la clandestinité. En voici pour preuve quelques témoignages, saisis à la volée sur le Web[1] :

« Je n'avais jamais réalisé qu'avec un avortement, elle allait mourir. Je ne voulais pas que mon bébé meure. Je voulais simplement me débarrasser de mon "problème". L'avortement n'avait pas seulement tué ma fille. Il avait tué une partie de moi. »

« J'ai commencé à me haïr. J'étais sans puissance, faible. J'ai perdu toute estime de soi. »

« Ils me disaient tous : "Mais fais-toi avorter, c'est rien ! Ce ne sont que quelques cellules !" Et eux, avant d'être ce qu'ils sont, n'étaient-ils pas que "quelques cellules" ?[2] »

Ces témoignages sont anonymes. Pourquoi sont-ils si rarement relayés par les médias ? Comme si nous en étions encore à la veille de la légalisation de l'avortement et que

1. http://www.survivants.com
2. Nancy Jo Mann in John Ankerberg et John Weldon, *When does life begin ?*, Wolgemuth et Hyatt, 1989.

ces témoignages étaient susceptibles de remettre en question la loi. Nous ne sommes plus dans les années 1970 mais au XXIe siècle et il est temps de passer à l'étape suivante, de sortir du discours moralisateur et des querelles de chapelles datant d'un autre siècle pour entendre ce que ces femmes ont à nous dire.

Nous serait-il possible d'envisager que la libéralisation de l'avortement soit un progrès et qu'en même temps, sur le plan intime, celui-ci génère de terribles drames ? Il pourrait alors prendre sa juste place et, de presque banal, redevenir exceptionnel, comme l'est une grave et douloureuse intervention chirurgicale.

Dans la société patriarcale, la souffrance des femmes ne pouvait être entendue. Si elles souffraient, c'était qu'elles ne répondaient pas aux normes, qu'elles étaient inadaptées. Inadéquates. Il était alors plus prudent pour elles de s'enfermer dans le silence. De peur de passer pour « folles[1] ».

Il en est de même aujourd'hui. Comme autrefois, nous occultons nos frustrations, nos blessures, ce que nous ressentons. Nos souffrances psychiques, intimes, sont taboues. Nous les taisons, nous nous les taisons. Parce que nous les trouvons « ridicules », « bêtes ». Parce que nous-mêmes ne les comprenons pas. Nous nous sentons aussi coupables que les femmes d'antan qui, si elles souffraient parce qu'elles avaient choisi de travailler ou de se faire avorter, s'entendaient dire : « Tu l'as bien cherché. »

1. Je suis étonnée du nombre de femmes qui, dans le secret de mon cabinet, me confient que leur mari les traite de « folles » dès qu'elles expriment leur souffrance.

Nous faisons semblant d'être des femmes fortes, voire invulnérables : à l'aise dans nos baskets et bien dans notre peau. Nous sommes entraînées dans la spirale des « P » : productivité, performance, pouvoir et possession. Une quête insatiable. Nous n'avons pas le temps de penser, ni de ressentir. Nous sommes dans le déni. Cela fonctionne. Mais à quel prix ?

Dans tous les domaines de notre vie intime, sexuelle et amoureuse, il y a conflit entre l'image à laquelle nous nous efforçons d'adhérer et ce que nous sommes. Entre ce que nous manifestons au-dehors et ce que nous vivons au-dedans. Nous recouvrons ce conflit d'un voile, parfois d'une chape de béton. Nous obéissons ainsi, sans le savoir, au schéma patriarcal d'antan. Nous aussi, nous sommes des femmes voilées.

Élisabeth, 41 ans, mère d'un petit garçon de 4 ans, est cadre supérieur dans l'industrie alimentaire. C'est une femme de tête. Elle sait gérer et organiser. Son mari a choisi d'être fonctionnaire. Pour travailler moins. Son salaire à lui est moins important que son salaire à elle, ils font pourtant compte commun. À la maison, c'est elle qui s'occupe de tout. Quand elle lui demande un coup de main ou même d'aller frapper à la porte de voisins qui font trop de bruit, il refuse. C'est à elle de le faire. Il est même allé jusqu'à lui demander de renoncer à l'équivalent d'une semaine de vacances pour qu'elle puisse s'occuper du ménage pendant qu'il assouvit sa passion : les jeux vidéo. Il trouve cela tout naturel.

Elle n'a droit à aucune initiative. « Ne fais rien sans me prévenir », lui a-t-il vertement ordonné un jour qu'il y avait une fuite d'eau et qu'elle avait appelé le plombier. Avec moi, elle ose prendre conscience de ce qu'elle ne s'était jamais avoué auparavant : son mari la terrorise. Elle vit dans sa crainte. Quand il lui fait ce qu'elle appelle « les gros yeux », elle baisse la tête et cela lui donne envie de pleurer. Il est capable de s'emporter brusquement et, pour l'éviter, elle obéit à ses quatre volontés. Elle a peur de lui et elle en a honte.

À la séance suivante, Élisabeth dit avoir retrouvé un semblant de sérénité. La dernière fois qu'il lui a fait « les gros yeux », elle n'a pas baissé le regard et c'est lui qui a détourné la tête.

Élisabeth se voyait comme une femme forte et indépendante. C'était vrai sur le plan professionnel, pas dans l'intimité. Il y avait un abîme entre la vision sociale qu'elle avait d'elle-même et ce qu'elle vivait chez elle, dans son foyer. Parce qu'elle était coupée de son monde émotionnel. Se rendre compte qu'elle avait peur de son mari lui a suffi pour réagir. Donner sens aux événements permet d'avoir prise sur eux.

Elle n'est pas un cas isolé. J'ai rencontré de nombreuses situations similaires au cours de mon enquête et auprès de mes patients. Ce scénario que l'on pourrait croire révolu est encore vivace dans bien des foyers.

Se donner sans compter pour avoir le droit d'exister

Au contact de notre vie intime, affective et amoureuse, beaucoup d'entre nous redeviennent des petites filles à la recherche d'un père.

L'autre jour, me confie Viviane, j'attendais de mon amoureux un coup de fil qui ne venait pas. Je me sentais fébrile, insécurisée. Ne sachant que faire de moi-même, je me suis mise devant mon ordinateur et j'ai passé des ordres de Bourse. À ma grande surprise, je me suis sentie aussitôt apaisée. C'est irrationnel. Je gagne bien ma vie et nous ne vivons pas ensemble. Je me suis rendu compte qu'inconsciemment, je comptais sur lui pour déterminer ma valeur. Mes valeurs. Avec lui, je redevenais une enfant. C'est pourquoi en son absence, je me sentais en danger.

Le croirez-vous ? Viviane a 38 ans et elle est chirurgien. Ses revenus dépassent cinq mille euros par mois. De son propre aveu, il y a pourtant toujours en elle une Cendrillon qui sommeille et attend la sécurité de la part de son prince charmant.

Comme elle, extérieurement, bien des femmes sont des battantes. Elles mènent de front vie familiale et professionnelle et gagnent parfois un salaire supérieur à celui de leur mari. Malgré leur réussite professionnelle et financière, beaucoup gardent encore cachés tout au fond d'elles-mêmes les stigmates d'un profond manque d'estime de soi. Elles n'ont pas le sentiment de leur propre valeur. Au-dedans, c'est comme si rien n'avait changé. Ces femmes indépendantes, souvent brillantes, ont à leur insu, embourbé dans le marais de leur inconscient, un système de valeurs et de croyances au regard duquel elles se déprécient. Au sein de ma pratique, je suis chaque fois stupéfaite de constater à quel point le phénomène est récurrent.

Le patriarcat nous aurait-il marquées à ce point de son

empreinte, au fer rouge, comme le cuir des vaches l'est par les cow-boys ? De par la loi, la femme était autrefois considérée comme une mineure. Elle n'avait pas d'existence légale. Même si elle était maîtresse de son foyer et mère de famille, aux yeux de la société, elle redevenait une enfant. Son mari était donc pour elle comme un père. Il était son protecteur. Elle était fille, épouse ou mère. La femme adulte et responsable n'existait pas.

D'une main, le patriarcat inoculait ainsi le poison de la dévalorisation ; de l'autre, il proposait son antidote. Le mariage à vie faisait miroiter alors aux filles la possibilité d'une sécurité bien réelle. Il leur offrait un carcan protecteur et paternaliste.

De peur de ne plus recevoir ce soutien, quelques-unes continuent encore aujourd'hui, comme jadis, de s'effacer derrière l'homme qu'elles aiment « pour le servir et, par ce biais, l'asservir », souligne la psychanalyste Maryse Vaillant[1]. Dans son livre *Comment aiment les femmes*[2], elle raconte que ses amies vivent encore dans l'étroite dépendance affective, pour ne pas dire la soumission, des hommes de leur vie : père, fils, patron ou mari. Sans s'en rendre compte, elles cherchent en permanence celui qui sera pour elles, au moins socialement, un père puissant.

Depuis Mircea Eliade, nous savons que « l'homme est un animal religieux ». Nous avons besoin d'un idéal, quel qu'il soit, vers lequel diriger nos pensées. Nous avons tous et toutes soif d'absolu. Aujourd'hui, en Occident, la place est

1. Interview de Violaine Gelly, *Psychologie magazine*, mars 2006.
2. Maryse Vaillant, *Comment aiment les femmes*, Seuil, 2006.

souvent vide et elle fait appel d'air. Si beaucoup d'hommes pour la combler s'investissent de façon absolue dans leur travail, beaucoup de femmes se tournent de façon absolue vers l'amour. Et s'y consacrent corps et âme. Dans le système patriarcal, l'homme était considéré comme un dieu. De même aujourd'hui, une femme amoureuse donne souvent à l'homme qu'elle aime la place de Dieu[1] dans sa vie. Elle vit seulement pour lui, par lui et à travers lui. Dans son livre *Une passion simple*[2], Annie Ernaux nous dévoile comment elle organisait sa vie entière en fonction de l'homme qu'elle aimait. Comme un électron pas forcément libre qui tourne encore et toujours autour de son noyau central. Son centre de gravité s'était déplacé. Elle était aspirée hors d'elle-même. Au risque de « se perdre[3] », comme le dit clairement le titre du journal intime de cette même passion amoureuse publié quelque dix ans plus tard. Autre témoignage, celui d'Hannah[4], 27 ans, diplômée en psychologie :

> *Il envahissait mon esprit. Il était mon unique pensée. Il était l'essentiel de ma vie, je le laissais en prendre possession*[5].

La plupart des hommes n'y voient que du bien et du bon. Ou du feu. Ils trouvent cela normal. Conversation à bâtons rompus avec Patrick, 48 ans, marié, père de famille et haut responsable dans une banque :

1. Denis de Rougemont, *L'Amour et l'Occident*, Plon, 1972.
2. Annie Ernaux, *Une passion simple*, Gallimard, 1992.
3. Annie Ernaux, *Se perdre*, Gallimard, 2001.
4. Hannah, *Emprise*, Privé, 2006.
5. Interview d'Alexandra Schwartzbrod, *Libération*, 20 avril 2007.

« Ce serait quoi, le risque d'une relation amoureuse pour une femme ?! » m'interroge-t-il, presque indigné.

Ma réponse fuse :

« Perdre son âme. Il y a risque d'hémorragie. Pour une femme qui s'ouvre à la relation amoureuse, le premier mouvement est souvent le don absolu de soi : de son corps, de son temps, mais aussi de toute la palette de ses émotions et de ses sentiments.

– Pourquoi ne pas donner ? me demande-t-il benoîtement.

– Oui, c'est ce que font beaucoup de femmes. Elles en sortent exsangues. Vampirisées.

– Pourquoi une femme ne donnerait-elle pas ? poursuit-il comme s'il n'avait pas entendu. C'est bon pour elle, elle se sent ainsi exister. »

C'est souvent en effet pour se sentir exister aux yeux de l'homme qu'elles aiment (à commencer par leur père) que les femmes auparavant donnaient, donnaient sans compter. De l'amour, de l'attention, de la sollicitude, de l'admiration, du sexe ou de bons petits plats. Elles espéraient ainsi être aimées et regardées. Parce qu'elles-mêmes ne s'aimaient pas. Il leur fallait justifier leur existence autrement que par l'amour. Prouver qu'elles n'étaient pas mineures, dans tous les sens du terme. Épuisant !

Parce que ce système donnait tout pouvoir à l'homme, il engendrait de nombreux abus. Ce cadre sécurisant devenait souvent une prison. Son verrou a sauté, et heureusement. Sauf que, du même coup, la carapace protectrice a volé en éclats. Beaucoup se retrouvent nues avec un sentiment d'intense dévalorisation et un goût amer dans la bouche. L'antidote a disparu, reste le poison.

Florence a 50 ans. Elle est professeur de français et en plein divorce. Son mariage aura duré vingt-huit ans. Son mari est parti avec une femme plus jeune et c'est avec beaucoup de réticences qu'il a fini par accepter de lui verser une pension de 500 euros par mois. Il est haut fonctionnaire. « Peut-être ai-je une valeur, me dit-elle, mais elle est basse. Je ne vaux rien. » Elle commence seulement à prendre conscience de tout ce qu'elle a donné à son mari. C'est grâce à elle que son époux a trouvé l'énergie, la force et le temps de faire l'ENA puis d'entreprendre une brillante carrière. C'est elle qui, des nuits entières, a rédigé et tapé ses mémoires, lui a insufflé des idées, l'a aimé, choyé, tempéré, stabilisé. Pendant vingt-huit ans, elle lui a consacré sa vie entière. Ils ont fait ensemble un enfant.

Élise a aujourd'hui tellement peur de souffrir de nouveau qu'elle préfère rester seule. Et vit dans la solitude. Elle souffre également de tremblements. Son corps porte une colère qu'elle ne s'est jamais autorisé à exprimer.

Cette profonde mésestime de soi prend également racine dans un lointain passé. Un cadeau empoisonné souvent transmis par la lignée des femmes de nos ancêtres. Notre vision de la femme ne s'appuie pas seulement sur notre propre expérience. Nous sommes toutes sans le savoir habitées par les émotions non acceptées, non formulées, non dites de nos mères et de nos grands-mères. C'est ce que montrent les dernières découvertes en matière de psychogénéalogie[1]. Comme malgré nous, nous reproduisons dans notre vie privée des schémas dans lesquels elles se sont en leur temps empêtrées.

« Je ne veux pas dépendre d'un homme », affirme Astride. La phrase claque comme une menace, elle est prononcée sur un ton ferme, clair, sans équivoque. « C'est la raison pour laquelle je ne me suis jamais mari... », ajoute-t-elle. Astride ne finit même pas sa phrase. Elle vient de comprendre à quel point cet axiome a dirigé toute sa vie. Elle a aujourd'hui 40 ans, vient d'être nommée à un poste à haute responsabilité avec un salaire à six chiffres et vit avec une femme une relation d'amour tumultueuse. Aurait-elle vécu une mauvaise expérience avec un homme ? Que nenni. Alors qu'elle était enceinte, sa grand-mère, mère de trois enfants, a été du jour au lendemain abandonnée par son grand-père. Il est parti – détail sordide – en emportant les allocations familiales, laissant sa femme enceinte avec deux autres enfants sans un sou. Le travail que nous faisons ensemble fait apparaître à quel point le personnage de sa grand-mère a été déterminant dans la destinée d'Astride et a gouverné la plupart de ses choix.

C'est comme si, enfant, elle s'était juré, non seulement de ne jamais s'y laisser prendre, mais surtout de réparer l'outrage fait à son aïeule. Comme un homme. Paradoxalement, elle vit et revit à l'intérieur d'elle-même ce que sa grand-mère a vécu : tout ce qui a trait en elle au féminin,

1. Anne Ancelin-Schützenberger, *Aïe, mes aïeux !*, Desclée de Brouwer, 1993.

elle le considère digne de rejet et d'abandon. « Négligé », selon ses propres paroles.

Cas particulier ? Pas vraiment. Nombreuses sommes-nous à avoir vu nos mères et nos grands-mères dénigrées et se dénigrer, sous la pression de nos pères, grands-pères ou simplement de la société dans laquelle elles vivaient. Parce qu'elles étaient des femmes.

Amour, attention danger !

Au plus profond de notre intimité, à travers les femmes de notre lignée, nous avons été blessées. Comme un traumatisme que nous serions malgré nous obligées de visiter et de revisiter encore pour le digérer, en prendre conscience, parvenir à le dépasser. La loi nous a rendu nos droits. Elle ne suffit pas. C'est à chacune d'entre nous aujourd'hui de faire son chemin à titre personnel. Pour aller plus loin. Effacer les empreintes du passé.

L'amour pour cela est une occasion en or ; il autorise la régression. Il fait rejaillir en nous des réflexes archaïques souvent hérités de nos ancêtres. L'intimité générée par la relation affective ou conjugale nous met en état de haute vulnérabilité.

Sans plus pouvoir désormais se dissimuler derrière le bouclier social qu'était le mariage à vie, les blessures apparaissent au grand jour. Certaines femmes sortent souvent de leur histoire d'amour si meurtries qu'elles érigent autour d'elles une forteresse. Du pont-levis, elles ont même parfois jeté la clé. « Mon cœur est mort, me dit Hélène, belle jeune femme de 26 ans. Il a été broyé. Je l'ai jeté à la poubelle. » Elle ajoute, en me regardant droit dans les yeux : « Je suis aigrie. » Elle dresse autour d'elle ce qu'elle appelle une « muraille de Chine ». Comme elle, de peur de souffrir, beaucoup de femmes aujourd'hui se barricadent, se blindent, se coupent de ce qu'elles ressentent. Nombreuses sont celles aujourd'hui qui refusent de s'investir corps et âme dans une relation de couple. Elles ne veulent plus s'engager. Amour, attention danger !

Certaines contre-attaquent et, d'abusées, deviennent abuseurs. Comme beaucoup d'hommes autrefois, elles traitent leurs amants en objets de consommation. D'autres draguent, et à la hussarde. Faute d'autre modèle. Je suis étonnée du nombre d'hommes qui m'ont confié s'être fait mettre à plusieurs reprises la main à la braguette[1] sans préambule. Apparemment, c'est un phénomène devenu courant. Hier, c'étaient les hommes qui mettaient la main aux fesses des femmes. Le système patriarcal n'est pas mort, il s'est contenté de changer de camp.

D'autres encore, toujours comme les hommes autrefois, s'investissent à 100 % dans leur travail et ne trouvent ainsi le temps de penser à rien d'autre. D'un côté, elles ont envie d'amour et de temps libre ; de l'autre, ce travail agit pour elles comme un bouclier, une armure, une protection. Il dresse un écran salutaire entre elles et leur intimité. Il leur permet de mettre à distance une affectivité qui, sinon, pourrait les déborder. Il fait office de colonne vertébrale. Au lieu

1. Voir Valérie Colin-Simard, *Nos hommes à nu*, *op. cit.*

de se dévouer à un mari, elles se dévouent à un patron. Au risque de la même tyrannie.

Je m'aperçois, s'inquiète Pierre, 31 ans, chef de publicité, que le week-end, des filles qui ont tout pour elles ont regardé la télé pendant vingt-quatre heures et ont vu des émissions improbables sur Arte, à quatre heures de l'après-midi. C'est désespérant. Je me dis : « Qu'est-ce qu'elles foutaient à regarder la télé à cette heure-là ? » Ces femmes-là rentrent seules chez elles le soir. Elles sont claquemurées dans l'univers qu'elles se sont construit. Elles sont dans leur tour d'ivoire et n'ouvrent aucune issue pour que l'on vienne les chercher. Elles sont comme des princesses que personne ne viendrait délivrer. Elles sont restées romantiques, elles sont restées fragiles, elles attendent le grand amour. Peut-être qu'elles ont fermé une porte de trop[1].

La solution ? C'est en écoutant la souffrance jusque-là inexpliquée des femmes hystériques que Freud a inventé la psychanalyse et ouvert du même coup une brèche dans le mur de béton du patriarcat. Longtemps présentée sous ses aspects pathologiques et spectaculaires, l'hystérie n'a rien à voir avec la caricature qu'en montrait le docteur Charcot dans ses expériences d'hypnose à la fin du XIXe siècle. Elle est en réalité, sous ses formes plus banales, l'expression du malaise d'une époque, qui est encore la nôtre : une résistance saine à un déséquilibre majeur. Même si elle prend

1. *Ibid.*

aujourd'hui des formes bien différentes, *l'hystérique est l'archétype de notre féminin blessé.*

C'est en prêtant, nous aussi, attention à sa souffrance que nous pourrons peut-être aller déterrer les racines de la mésestime de soi dont beaucoup de femmes ont aujourd'hui hérité. C'est pourquoi il me semble nécessaire de brosser le portrait de la jeune fille hystérique. Et de la réhabiliter.

Nous sommes toutes (et tous) des hystériques

Pour Freud, la future hystérique fantasme la relation sexuelle avec son père. Parce qu'elle découvre qu'elle n'a pas de phallus et qu'elle le cherche chez lui. C'est là ce que Freud nomme l'envie du pénis. Cette thèse me semble surtout révélatrice du regard patriarcal que portait le Vienne du début du XXe siècle – dont Freud faisait partie intégrante – sur le féminin. Même si un père pouvait aimer sa fille et la chérir, il dévalorisait son sexe. L'analyse de Freud confond l'effet et la cause. En effet, comment ne pas désirer être un garçon et par conséquent envier son phallus, lorsque la fille en nous intéresse si peu jusqu'à son propre père ?

C'est parce qu'elle était du sexe féminin que son père n'a pas porté sur elle dans son enfance le regard suffisamment intéressé qui lui aurait permis d'exister par elle-même, de se construire, de s'aimer et de s'accepter. La seule manière d'attirer son regard était la séduction. Rêver qu'il cherche à la séduire, c'est tout simplement rêver qu'il cherche à entrer en contact avec elle.

Dans son enfance, la petite fille avait besoin de déployer des efforts démesurés et une énergie considérable pour que son père la regarde, lui accorde de l'attention. Cette habitude lui est restée. D'où la dramatisation d'émotions souvent superficielles et éphémères, comme un feu d'artifice : éblouissantes mais vite retombées. Virtuose des exagérations du type « toujours-jamais » et « tout ou rien », elle mène une vie passionnante et a toujours une anecdote à raconter.

Son père n'ayant jamais accordé de valeur à ce qu'elle ressentait, elle a du mal à accorder de la valeur à ce qui se passe à l'intérieur d'elle-même, à ce qu'elle ressent. Elle est davantage centrée sur l'autre que sur elle et, du coup, facilement influençable.

Pour compenser ce manque, elle a toujours besoin d'être au centre de l'attention[1]. Sinon, elle revit une sensation bien connue dans son enfance, celle de ne pas exister. Comme si elle tombait dans un gouffre. Cela peut la conduire, dans des cas extrêmes, à des scènes théâtrales ou à des somatisations. Le regard du médecin vient alors se substituer au regard du père qui lui a tant manqué.

Avec elle, la relation est d'emblée érotisée et familière. Elle cherche le contact et n'a aucune conscience de son comportement de séduction. Elle croit sincèrement que c'est l'autre qui cherche à la séduire. Elle, elle n'a aucun désir de passer à l'acte. Pire, elle craint le contact sexuel. Si elle le provoque et parfois le subit, c'est pour continuer à recevoir de l'attention. Son scénario de base : j'ai besoin

1. Description de la personnalité histrionique selon le *DSM 4* (*Manuel diagnostique et statistique des troubles mentaux*, 4e révision).

d'amour et je reçois un acte sexuel. Sa quête perpétuelle : intéresse-toi à moi, aime-moi. Elle a besoin qu'un homme pose enfin sur elle un regard exempt de séduction. Et elle continue pourtant à le chercher inlassablement au travers de ses relations amoureuses.

N'ayant pu s'appuyer sur le regard de son père, elle n'a jamais pu se détacher de sa mère et entretient avec elle des relations fusionnelles dont elle est dépendante. Elle veut plaire. Apparemment sociable et enjouée, elle ne semble pas en souffrance. Et pourtant elle l'est. Témoignage de Victoire, 36 ans, divorcée et mère de deux enfants :

Ce matin, Robert m'a dit qu'il m'appellerait dans la journée et il ne l'a pas fait. Le soir, je suis allée à une soirée entre amis. Je me sentais comme vidée de mes forces, épuisée. Moche, faible, impuissante. C'est comme si tout mon corps s'était effondré. Je me faisais l'effet d'une serpillière. Je ne comprenais pas pourquoi.

J'ai fini par faire le lien avec Robert. Même s'il se dit amoureux de moi, Robert me relègue à la dernière place, derrière son travail, ses parents, ses enfants et tout le reste. C'est comme si je lui appartenais, comme s'il me possédait. Pour lui, je suis comme un objet qu'il utilise quand il en a besoin. Je me suis rendu compte que je me voyais à travers son regard et je me suis sentie niée.

Dans un système patriarcal qui dénie l'importance du féminin, il y a en réalité, dans ses aspects plus quotidiens, une étincelle d'hystérie, vécue ou non, qui sommeille en chacun et chacune de nous.

Nous sommes toutes et tous – rappelez-vous le célèbre « Madame Bovary, c'est moi » de Flaubert – des hystériques. Nous n'avons pas été guidés à entendre, ressentir, écouter ce qui nous fait vibrer. Nous avons appris à répondre aux exigences, aux normes extérieures. Nous avons développé un personnage.

Les cheveux blonds, lisses et coupés au carré, Cécile est une jolie jeune femme de 28 ans. Elle a réussi de brillantes études, occupe un poste à responsabilité dans une société d'assurances et vient de se marier avec un avocat. Elle a fait plusieurs fois le Marathon de Paris. Tout va bien pour elle et même très, très bien.

Elle ne comprend pas pourquoi elle est boulimique.

À la suite de notre tout premier entretien, elle a commencé à prêter attention à ce qu'elle ressentait. Pour la première fois, elle a pris en compte ses désirs, ses envies. Elle s'est inscrite à un cours de danse africaine. Lorsqu'elle me le dit, c'est comme si deux lampes s'allumaient d'un coup dans ses yeux.

D'habitude, elle a des crises chaque jour. Cette semaine-là, elle n'en a eu que deux.

C'est à la condition de reconnaître, d'accepter, de mettre du sens et de nommer nos réels besoins que notre être pourra croître, grandir et que nous pourrons retrouver en nous une confiance légitime.

L'hystérique a besoin de prendre conscience du couloir étroit dans lequel son comportement de séduction séquestre ses émotions. Elle a besoin d'être rassurée sur sa valeur en tant qu'être humain. Sur la valeur de ses désirs, de ses émotions et de ses sensations. Elle a besoin d'apprendre à s'ouvrir, à ressentir, à accueillir et à recevoir.

Si « le féminin est réception », comme l'affirme le docteur Danièle Flaumenbaum, elle a besoin d'apprendre à être femme. Dans cette société centrée sur la consommation, la productivité et le « toujours plus », c'est notre cas à toutes.

4.

Sortir du statut de victime

De la déesse à la servante

Un mois seulement après mon mariage, j'étais enceinte. J'avais 30 ans. Je décidai d'arrêter de travailler. C'était pour moi une révolution. Le contraire de ce pour quoi ma mère m'avait éduquée, de ce qu'elle m'avait montré et enseigné. J'avais compris que son message – consacrer ma vie à ma carrière – me conduisait tout droit à une impasse. Je voulais découvrir l'autre face de moi-même, plus intime et plus personnelle, à laquelle je n'avais jamais consacré de temps. Comme un ressort trop tendu, je passais ainsi d'un extrême à l'autre, dans un vaste mouvement de balancier. Je me lançais dans le vide. Je ne savais pas encore à quel point.

J'avais présenté les informations, réalisé des reportages pour de grandes chaînes de télévision. J'étais respectée pour mon professionnalisme. Du jour au lendemain, je ne travaillais plus.

Aux yeux de la société, je ne valais plus rien.

Je pris conscience que je n'existais auparavant que par le travail. En dehors de lui, je n'avais aucun repère. J'avais toujours vécu à la recherche de ce qui brille, du strass et des paillettes, à la surface de moi-même, esclave du regard des autres. De leurs jugements de valeur, de leurs conditionnements et de leurs conformismes. J'avais vécu dans ma tête et seulement dans ma tête ; dévoré des livres et encore des livres. Mes seuls orgasmes ? Ils étaient intellectuels. Mon cerveau avait enflé ; mon cœur, lui, était resté en friche. Sur le plan humain, j'étais encore une enfant.

J'ai accouché d'un magnifique petit garçon. Était-ce pour dissimuler ma vulnérabilité ? Ma vision de la maternité était idéale, abstraite. Parfaite. Pour tout dire, inhumaine. Lorsque nous ne nous sentons pas à la hauteur, nous empruntons souvent le pouvoir magique des archétypes[1] *pour compenser ce que nous imaginons être nos lacunes. Je me suis identifiée à la Grande Déesse Mère universelle et toute-puissante.*

Du haut de son piédestal, elle voit les hommes, tous les hommes, comme des enfants dont il faut prendre soin, qu'elle doit nourrir et protéger. Pour la Grande Mère, seul compte le devoir. Le dévouement aux autres. Elle donne, donne encore : de sa vie, de son sang, de son temps et même de son argent. Et, bien entendu, comme elle affirme n'avoir besoin de rien… en échange, elle ne reçoit rien. Souvent, elle en sort exsangue. C'est la raison pour laquelle la Grande Déesse Mère peut, en un éclair, se métamorphoser en Grande Victime.

Intrusive, envahissante, elle prend toute la place. Pour la femme, il n'y en a aucune. Pas plus que pour le plaisir, le désir, ses besoins, ses vulnérabilités. Je perpétuais ainsi la

1. Voir Liz Greene, Howard Sasportas, *Les Luminaires*, Éd. du Rocher, 1992.

tradition de mes ancêtres. La femme en moi était écrasée. Asphyxiée. Elle n'avait pas le droit d'exister.

J'avais choisi d'épouser un homme responsable et même hyperresponsable. Sérieux. Un homme de devoir que j'imaginais comme un père idéal. Je le laissais désormais régenter ma vie. Sans m'en rendre compte, je lui avais délégué mes valeurs masculines. Comme un fardeau dont je me débarrassais.

L'autre fonctionne souvent comme un miroir qui reflète les aspects non encore reconnus de nous-mêmes. Je me retrouvais face à face avec mon dictateur intérieur. Je l'autorisais à se comporter avec moi comme un tyran. Il me traitait de la façon dont auparavant moi-même je me traitais. Il incarnait ma partie masculine, celle qui jugeait, muselait, emprisonnait et mettait à mal ma féminité.

L'arrivée d'un fils avait, comme en écho, réveillé chez son père des émotions enfouies, oubliées, celles du petit garçon déchiré entre l'amour qu'il éprouvait pour sa mère et sa lutte pour se libérer de son emprise. Beaucoup d'hommes sont habités de ce terrible conflit. S'ils n'ont pas pu l'exprimer suffisamment à l'adolescence, ils sont amenés à le revivre plus tard. Avec leur épouse ou leur compagne.

L'un des mythes les plus anciens décrivant ce processus est babylonien. Il met en scène une bataille entre le dieu du soleil, Marduk, et sa mère, Tiamat, qui personnifie la mère primordiale créatrice du monde. Elle est dispensatrice de vie, mais aussi de mort car elle dévore tout ce qu'elle crée. Pour lui échapper, son fils Marduk lui envoie ses flèches enflammées en pleine gorge et l'anéantit. Puis, de son corps, il crée le monde[1].

1. *Idem.*

À travers moi, c'était avec la Grande Mère universelle et primordiale qu'en réalité mon compagnon luttait et se mesurait, dont il cherchait à se libérer. Le combat fut d'une grande violence. Une guerre sans merci. Mon mari avait derrière lui la société patriarcale tout entière, je ne pouvais que m'incliner. Je fus confrontée à ma fragilité. À mes limites. J'étais anéantie. Et du même coup obligée de redescendre sur terre, de sortir de la toute-puissance, d'accepter de laisser mourir en moi la mère omnipotente, comme une gangue devenue inutile, pour permettre à la femme d'émerger.

La mère en moi s'humanisa et, du même coup, prit sa juste place. C'est la femme qui prit les rênes. J'étais sortie du rapport de force. En suivant aveuglément mon mari, j'avais adhéré aux seules valeurs masculines. Elles étaient pour lui absolues, exclusives. Abusives. Je m'étais laissé abuser. Sa fermeté ? De la rigidité. Son calme ? De la froideur. Il était coupé de ses émotions. Son matérialisme ? Il en avait fait une religion.

À cette échelle de valeurs, je savais que si je continuais de me soumettre, la femme en moi aurait été enterrée vivante. Mort-née. Je choisis d'accorder de la valeur à la personne humaine, à commencer par la mienne. À ce que je suis, à ce que je ressens, à ce que je désire, à ce que j'aime. Indépendamment de toute reconnaissance de la part d'un homme ou de la société. Je découvris comme un trésor la puissance que donnent la connaissance et la reconnaissance de ses faiblesses. J'appris à me respecter. À me faire respecter. À dire « Je ne peux pas », « Je ne sais pas », « Je me sens mal à l'aise », et c'est devenu ma force. C'est un long chemin. Vers ma liberté.

Le jour où je décidai de divorcer, mon mari et moi avions fait la paix.

La Déesse Mère des temps primitifs et le Dieu Père des premiers siècles de l'Histoire sont enfouis en chacun de nous. Ils nous hantent encore aujourd'hui et nous influencent d'autant plus que nous n'en sommes pas conscients. Lieu de haute vulnérabilité, notre vie amoureuse ou conjugale révèle en nous des comportements et des mécanismes profonds, parfois venus du fond des temps. Elle nous fait visiter des mémoires archaïques, sur les plans à la fois collectif et personnel.

Même si leur futur mari ne s'est pas agenouillé à leurs pieds, bien des femmes ne se sont-elles pas senties mises sur un piédestal telle une Déesse Mère, lors de leur demande en mariage ? N'ont-elles pas ensuite éprouvé incompréhension et tristesse lorsque, quelques années plus tard, elles se sont vues transformées en servantes au service du Dieu Père, en train de ramasser ses chaussettes sales, de faire le ménage ou la lessive sans un mot de remerciement ?

Nous nous croyons seuls de notre espèce à souffrir pour des raisons qui nous sont uniques et particulières. Nous ne voyons pas que nous sommes également en train de revivre à titre personnel, chacun à son rythme, le processus d'évolution par lequel sont passés nos ancêtres. Nous rejouons sans le savoir les grands archétypes de l'humanité et de notre Histoire.

Le pouvoir souterrain de nos représentations

Imaginons qu'un choc électrique douloureux soit infligé à votre enfant et que son degré d'intensité vous soit signalé par un chiffre. La simple vision de ce chiffre stimulera en vous la zone cérébrale de la douleur, comme si vous aviez vous-mêmes reçu le choc. Une image rend présente (re-présente) un événement au point de générer en nous émotions et sensations. Cette expérience scientifique[1] nous montre à quel point nos re-présentations influencent nos émotions. Et, par voie de conséquence, nos comportements.

À partir de cette expérience, nous pouvons imaginer le pouvoir souterrain qu'exercent sur nous nos représentations de la femme et du monde féminin. Ce sont elles qui nous disent et nous dictent quoi penser de notre féminité. Elles forgent l'image que nous avons de nous-mêmes. Ce que nous pensons de nous. Ce que nous ressentons.

Transmises dès notre plus tendre enfance par nos parents et éducateurs, par le biais d'images, d'histoires et de récits, ces représentations nous ont été enseignées à l'école, se sont ancrées dans notre esprit, ont enfermé notre représentation de la femme et du féminin dans un carcan dont il est difficile encore aujourd'hui de se libérer.

Dans l'urgence, la révolution féministe avait paré au plus pressé. Elle avait rejeté en bloc la vision de nos parents et grands-parents. C'était comme de tailler un rosier, il

1. Boris Cyrulnik, *De chair et d'âme*, Odile Jacob, 2006.

repousse deux fois mieux par la suite. Les femmes n'ont en réalité pas changé en profondeur les représentations qu'elles ont d'elles-mêmes[1]. Nous sommes tous et toutes encore nourris par la racine de représentations d'un monde féminin révolu. Nos structures les plus profondes et les plus archaïques n'ont pas bougé.

C'est principalement notre vision du passé qui conditionne notre vision du présent. La manière dont nous percevons les femmes dans l'Histoire cimente notre vision de nous-mêmes. Or, l'Histoire n'existe pas indépendamment du regard de l'historien. C'est dirigés par leur vision du monde que les historiens ont mis de l'ordre dans le chaos des faits historiques. C'est donc d'une vision patriarcale de l'Histoire que nous avons hérité.

En cherchant à rassembler et à faire la synthèse de nos connaissances historiques en la matière, m'est apparue une autre version de cette Histoire. A émergé comme une évidence un processus d'évolution des rapports hommes-femmes dans lequel beaucoup d'entre nous aujourd'hui se reconnaîtront.

Je nous offre un voyage express dans le temps. Un retour aux origines. Je nous invite à revisiter ensemble nos fondations. À prendre conscience des représentations dont nous avons hérité. De manière à ne pas rester prisonnières du cercle étroit dans lequel elles nous ont cantonnées.

L'hypothèse historique que je vous propose me paraît la plus plausible et la plus cohérente. Elle bouscule quelque

1. Bernard-Henri Lévy, Françoise Giroud, *Les Hommes et les Femmes,* Olivier Orban, 1993.

peu l'image que nous nous faisons des femmes. Nous verrons en effet que si les hommes ont abusé de leur pouvoir sur elles, c'est qu'elles avaient auparavant abusé de leur pouvoir sur eux.

À travers nos représentations historiques, nous nous imaginions les femmes – nous nous sommes toujours imaginées – comme des victimes. Il est nouveau – et quelque peu dérangeant – de se les représenter aussi comme des bourreaux. Ce qui était vrai hier ne peut-il l'être également ici et maintenant pour vous, pour nous ?

Mon espoir est que ce changement de perspective nous autorise à réviser notre représentation de nous-mêmes. Qu'elle nous permette non pas de nous culpabiliser, mais de nous responsabiliser, et contribue ainsi non seulement à sortir de la guerre des sexes mais surtout à rendre obsolète le statut de victime auquel tant de femmes encore aujourd'hui, quel que soit leur milieu social, s'identifient.

Il était une fois... les femmes bourreaux

Au commencement, il y a très longtemps, hommes et femmes formaient deux clans. Ils vivaient côte à côte, mais séparément. Nous sommes au paléolithique, vers 35000 avant J.-C.

De nombreux paléontologues, comme André Leroi-Gourhan, ont fait remarquer l'absence de toute représentation de l'acte sexuel : le lien n'existe pas encore entre sexualité et fécondation. Les hommes ignorent les lois de la procréation et croient les femmes seules capables de donner la vie.

Les premières statuettes représentant le divin témoignent d'un culte rendu aux déesses mères. Elles sont exclusivement féminines. Elles ont un ventre énorme, des seins hypertrophiés. Dans leurs prières, les hommes invoquent non pas « Notre père qui êtes aux cieux », mais « Notre mère la terre »[1].

À l'époque, Dieu est une femme.

Les hommes ? L'art paléolithique les représente courbés, blessés, à genoux, vaincus. Ils apparaissent sous forme « bestiale », avec par exemple des oreilles de loup, le profil allongé en museau, ou coiffés d'une tête de cerf.

Le foyer, centre de gravité vers lequel tout converge, donne sens et cohésion à leur communauté. Le feu est un symbole divin. Pendant que les hommes vont à la chasse, les femmes entretiennent sa flamme. Comme elle, elles sont capables de réchauffer ou de détruire, d'éclairer ou de faire périr. D'aimer ou de rejeter. De nourrir ou d'affamer. Par la magie de la cuisson, elles transforment la nourriture. En contact direct avec le divin, seules capables de donner la vie, elles sont encore présentes et honorées à l'heure de la mort. Les archéologues ont retrouvé dans les tombes de nombreux coquillages, symboles des organes féminins.

Les femmes sont toutes-puissantes. Les hommes les voient comme leurs mères, ils se voient comme leurs fils, et seulement comme leurs fils. Et ils vivent ainsi sous leur domination.

1. Élisabeth Badinter, *L'un est l'autre*, Odile Jacob, 2002.

Il y a chez tout homme un désir de s'individualiser, en même temps qu'une nostalgie du ventre maternel. Pour en sortir, le premier pas est de nommer l'interdit de l'inceste. Grâce à lui, l'enfant est séparé définitivement de sa mère. C'est la naissance de la civilisation.

Nous sommes maintenant entre – 8000 et – 6000 avant J.-C., au début du néolithique. Chasse et cueillette sont peu à peu abandonnées au profit de l'élevage et de l'agriculture. Les hommes deviennent sédentaires. Les femmes continuent de bénéficier d'un prestige considérable. Elles incarnent Dieu sur terre. Il n'y a toujours pas de dieux masculins conséquents. Vers – 7000, au nord de la Mésopotamie, les prêtresses des temples donnent aux rois et aux chefs des indications d'ordre politique et militaire. Des femmes sont juges et magistrats. En Égypte, ce sont les hommes qui promettent, dans les contrats de mariage, d'obéir à leurs épouses. C'est une déesse, Isis, qui selon la mythologie invente l'agriculture. En son nom, la transmission des biens se fait par les femmes et celle de la royauté par les filles.

Nulle part la monogamie n'est de rigueur. La paternité ? Elle n'est encore qu'une présomption[1]. Les enfants appartiennent à leur mère dont ils portent le nom. Plus pour longtemps. La domestication des animaux permet peu à peu aux hommes de prendre conscience de leur propre rôle dans la procréation. Ne seraient-ils pas eux aussi susceptibles de donner la vie ? Apparaît aux côtés de la Grande Déesse

1. Françoise Picq, citée *ibid.*

régnant seule, maîtresse de toutes choses, un jeune dieu[1]. Au Ve millénaire, la Déesse Mère stéatopyge, représentée assise sur un trône, est parfois accompagnée d'un dieu mâle plus petit qui occupe une place subalterne. En Crète, la déesse apparaît accompagnée de deux mâles tournés vers elle et la contemplant avec respect.

Les femmes n'ont plus de pouvoir absolu sur les hommes. Est-ce parce que certaines tentent de s'y agripper qu'elles se livrent à des abus ? À Sumer, en Égypte et dans tout le Proche-Orient, une grande prêtresse élit chaque année un époux à qui elle donne du printemps à l'automne le titre de roi, le temps qu'il accomplisse sa mission sacrée : l'union sexuelle. Au printemps, il est mis à mort et ressuscite en la personne d'un autre jeune homme. Jusqu'à l'année suivante.

Ce rituel cruel avait lieu un peu partout dans le monde. La grande prêtresse et son roi provisoire représentaient la déesse Ishtar et le dieu Tammuz à Babylone, Aphrodite et Adonis à Chypre. En Anatolie, Attis se castre volontairement pour rester éternellement fidèle à Cybèle. Pour l'imiter, les grands prêtres en font autant. À Babylone, le roi n'est pas mis à mort. Il est amené sur la place publique, dépouillé de ses vêtements, battu et humilié pendant qu'un roi de carnaval est tué à sa place.

Si, sur le plan purement factuel, ces abus sont nommés et répertoriés par les historiens, ils sont présentés comme anecdotiques. Pittoresques. Les auteurs minimisent leur importance. Pourquoi ?

Peut-être ce discours était-il jusque-là difficile à entendre.

1. Paule Salomon, *La Femme solaire*, Albin Michel, 1991.

La plupart des statuettes préhistoriques de femmes sont en effet découvertes dans les années 1970. Les féministes parlent alors de matriarcat. S'appuyant sur les travaux d'un historien du droit allemand[1] qui avaient fait grand bruit, elles l'imaginent comme un paradis perdu de paix et de tranquillité ; un Éden où la maternité, fonction sacrée, était honorée. Un modèle de civilisation.

Une vision pour le moins idéalisée.

En réalité, les femmes de ce temps abusaient de leur pouvoir sur les hommes et de façon fort cruelle. À l'époque, cette découverte, si elle dépassait le cadre anecdotique, pouvait remettre en question les fondements même de la révolte féministe. En effet, si *la domination des hommes sur les femmes a duré à peu près cinq mille ans, celle des femmes sur les hommes a duré à peu près trente mille ans.*

Le mouvement féministe est tout juste en train d'éclore. Il avait encore besoin de prendre des forces, de croître et de grandir avant de pouvoir entendre une information aussi dérangeante. Au moment où est enfin dénoncée l'oppression des femmes par les hommes, elle aurait brouillé le message, engendré la confusion. Avant d'accepter d'entendre qu'elles aussi, par le passé, avaient été pour les hommes des bourreaux, les femmes avaient d'abord besoin que les hommes reconnaissent leur statut de victime.

C'est maintenant chose faite.

Aujourd'hui, si nous voulons parvenir à la lumière, nous

1. Johann Jakob Bachofen, *Le Droit maternel, Recherche sur la gynécocratie de l'Antiquité dans sa nature religieuse et juridique*, trad. Étienne Barilier, L'Âge d'homme, 2000.

avons également à nous réapproprier notre part d'ombre. C'est à la condition de la reconnaître et de nous la réapproprier que nous sortirons définitivement de notre rôle d'éternelles victimes.

La révolte des hommes

C'est en raison des abus pratiqués par les femmes qu'un esprit de révolte et de colère a germé chez les hommes. Le succès rencontré par la célèbre épopée de Gilgamesh est, à cet égard, significatif. Il refuse de devenir l'époux d'Ishtar et de subir le même sort que ses autres amants. Son texte est éloquent : « Non, lui dit-il, je ne veux pas de toi pour épouse ! Tu n'es qu'un fourneau qui s'éteint dans le froid, une porte qui laisse passer les courants d'air, un palais qui s'écroule sur ses défenseurs, un éléphant qui jette bas ses harnais, un bitume poisseux, une outre percée, un mortier friable, un bélier qui démolit les remparts amis, une chaussure qui blesse le pied. » Il lui rappelle ce qu'il advint à ses amoureux : Tammuz, le Lion, le Cheval, le Pâtre, le jardinier Ishullânu. Chez les hommes, c'est le début de la rébellion.

La fécondation est désormais reconnue comme l'affaire des hommes aussi bien que des femmes. Des couples deviennent objets d'adoration partout dans le monde. En Égypte, Isis, grande déesse de la fécondité universelle, se marie avec Osiris. Il est donc logique que les grands prêtres prennent du pouvoir aux côtés des grandes prêtresses. L'homme se situe sur un pied d'égalité avec la femme. C'est une période d'équilibre et d'harmonie entre sexes opposés.

En Grèce par exemple, Hestia est la gardienne du foyer. Hermès est le dieu du voyage. L'un symbolise la communication avec le monde intérieur, l'autre la communication avec le monde extérieur. Ils sont maintenant d'égale importance. Cette harmonie sera de courte durée. Hestia sera bientôt oubliée.

Au début du IIe millénaire avant J.-C., la surpopulation a créé un besoin de terres et de ressources nouvelles. Apparaissent de nombreux envahisseurs indo-européens. Ils vont précipiter le changement. En Europe, pillages et guerres se multiplient. Dans les sépultures collectives, les squelettes portent des traces de flèches meurtrières plantées dans les os. Ce sont tous des hommes.

La guerre les a métamorphosés en héros.

Le pouvoir absolu de la Grande Déesse Mère reposait sur sa seule capacité à donner la vie. Les hommes ayant découvert leur responsabilité dans la procréation, les dieux masculins ont pris de l'importance et de la puissance. La Déesse Mère a perdu peu à peu sa légitimité. Jusqu'à l'arrivée des peuples du Nord, la religion, fidèle à la tradition, était encore sous l'égide de grandes prêtresses[1]. Plus rien désormais n'empêche les grands prêtres d'user de leur supériorité physique. Ils entrent en lutte contre des rituels religieux cruels qui tiennent pour négligeable leur paternité.

En Mésopotamie, Marduk tue la déesse Tiamat. L'invention de l'agriculture, jusqu'alors attribuée à Isis, devient l'apanage d'Osiris. À Sumer, la déesse des Ténèbres est tirée par les cheveux, traînée en bas de son trône par le dieu

1. Charles Seltman, *La Femme dans l'Antiquité*, Plon, 1963.

Nergal qui la contraint à le prendre pour époux. Dans les grandes religions monothéistes du bassin méditerranéen, la figure de la Mère disparaît[1]. Au culte de la Déesse Mère se substitue le culte du Dieu Père. En moins d'un millénaire, Brahmâ, Yahvé, Zeus et Jupiter relèguent les déesses à un rang subalterne. Entre 3000 et 1300 av. J.-C., les prêtresses désertent les temples. Au profit des prêtres.

L'Histoire, dit-on,[2] commence à Sumer avec la naissance de l'écriture, aux environs de 3500 avant J.-C. ? Est-ce un hasard ? C'est précisément à cette époque que débute le déclin de l'empire maternel. Si les femmes occupent les plus hautes fonctions et les plus honorifiques, il est rare qu'elles soient scribes. Sans doute l'écriture n'a-t-elle pas au départ l'importance que nous lui accordons aujourd'hui. Comme nous le ferons bien plus tard à la naissance de la télévision, il est fort probable que nombre d'entre elles sous-estiment la puissance de ce média. Leurs lois étant celles de la nature, les femmes n'éprouvent nul besoin de les graver dans la pierre.

Ce n'est pas le cas des hommes.

Les hommes au pouvoir

Dès leur arrivée au pouvoir, ils utilisent l'écriture pour asseoir leur autorité et vanter leurs propres mérites. Pour le plus grand bonheur des futurs historiens. Cinq mille cinq

1. Il faudra attendre 431 et le concile d'Éphèse pour que soit réhabilitée la figure, non de la femme, mais de la mère en la personne de Marie, mère de Dieu.

2. Selon l'historien américain Samuel Noah Kramer.

cents ans plus tard, ces écrits seront toujours là, gravés dans la pierre, et focaliseront leur attention. La suprématie des hommes est née avec l'écriture. C'est grâce à elle qu'elle se perpétue.

L'un de nos plus anciens et plus célèbres textes date de 2300 avant J.-C. et provient de Sumer. Il parle d'un roi nommé Urukagina. Celui-ci n'appartient pas à la dynastie royale. Son arrivée au pouvoir ressemble fort à un coup d'État.

Urukagina décrète que les domaines de la reine passent sous la propriété symbolique des dieux du royaume et non plus de la déesse Bau. La reine, sa représentante sur terre, se voit du même coup dépossédée de ses territoires. En tant que représentant du dieu mâle, c'est le roi qui, désormais, en dispose en toute légitimité.

Par ailleurs, par ce décret, la femme mariée se voit interdire de s'engager dans les affaires. La monogamie devient obligatoire : « Les femmes des temps anciens prenaient deux maris, est-il gravé, mais les femmes d'aujourd'hui seront lapidées si elles en font autant[1]. »

Lorsque ces archives sont découvertes, nous sommes au XIXe siècle. En plein patriarcat. Le fait a donc pu leur sembler bien banal. Ces réformes de caractère privé ont peu attiré l'attention des historiens. Ce sont les réformes à caractère social qui ont focalisé leur intérêt : révocation de percepteurs d'impôts abusifs ou restauration de la situation de pauvres opprimés par les riches. Dans une série de six textes, Urukagina se présente lui-même comme figure d'un

1. Cité in Paule Salomon, *La Femme solaire*, *op. cit.*

roi juste, fait la liste des abus qu'il affirme avoir réglés aussitôt monté sur le trône et déclare avoir rétabli la paix sociale. C'est le plus ancien document du genre.

Et pour cause. De nouvelles lois verrouillent le système. Elles sont gravées dans la pierre. Bon calcul, elles dureront plus de cinq mille ans. Le patriarcat absolu s'impose ainsi peu à peu partout dans le monde. Il obéit à une idéologie dont voici quelques axiomes :

Axiome premier : les hommes sont désormais les seuls représentants de Dieu. De même, au regard du ciel, la terre n'a plus qu'une importance secondaire. Comme la femme, elle est maintenant à conquérir et surtout à dominer. Terminé le temps où les hommes imploraient et priaient « Notre Mère la terre » de leur donner vie, nourriture et de leur permettre de subsister.

Axiome deuxième : l'enfant devient la propriété exclusive du père. Il porte son nom, et non plus celui de la mère. Les hommes croyaient auparavant la femme seule responsable de la procréation, ils la considèrent maintenant comme accessoire : un vase dans lequel déposer une précieuse semence.

Axiome troisième : le principe de la propriété privée préserve l'ordre nouveau. Il est l'un des piliers du patriarcat. Les femmes sont la propriété de leur mari, au même titre que les enfants ou que la terre. En 1300 avant J.-C. par exemple, la femme israélite fait partie des biens de son époux. Elle n'a pas le droit de demander le divorce. Claude

Lévi-Strauss, dans un texte célèbre[1], a montré comment le mariage dans la société patriarcale consistait en un contrat entre deux groupes d'hommes. Même lorsque ses sentiments sont pris en considération, la femme y est un objet d'échange. Elle a perdu définitivement son pouvoir sacré.

Axiome quatrième : la monogamie est de rigueur. Il devient vital pour l'homme de s'assurer que sa descendance est de son sang et seulement de son sang. Si tel n'était pas le cas, le pouvoir de donner son nom à l'enfant reviendrait automatiquement entre les mains des seules femmes. Prohiber l'adultère devient donc une question de pouvoir. Au point de le punir de mort, souvent par lapidation. Pour cette raison, le plaisir est interdit aux femmes. Pour elles désormais, un seul mot d'ordre : le devoir. Et d'abord celui d'enfanter.

Axiome cinquième : la femme est un danger. Le spectre de la redoutable et toute-puissante Grande Mère qui a pouvoir de vie et de mort sur ses fils est toujours présent.

Ce serait encore le cas aujourd'hui[2].

Retrouver un lien avec le sacré

Dans l'inconscient, le temps n'existe pas. Tout se passe comme si les hommes gardaient au fin fond de leur mémoire

1. Claude Lévi-Strauss, *Les Structures élémentaires de la parenté*, éditions de l'EHESS, 1967.

2. Gabrielle Rubin, *Les Sources inconscientes de la misogynie*, Robert Laffont, 1977.

la Grande Déesse Mère et la manière dont ses grandes prêtresses avaient abusé de leur pouvoir.

C'est peut-être la raison pour laquelle il est si essentiel dans ce système d'exclure la femme du pouvoir, qu'il soit social, économique ou politique. Elles seront bannies définitivement des fonctions sacerdotales. Celles qui chercheront, de près ou de loin, à retrouver un lien avec le sacré devront s'enfermer dans un couvent et se mortifier. Les autres seront montrées du doigt comme sorcières, hystériques ou possédées. La plupart de celles qui seront brûlées au Moyen Âge administraient les remèdes naturels qui, sur le plan médicinal, sont reconnus comme des méthodes de soins valables et efficaces. Elles étaient en réalité les « sages » du village.

La femme n'a droit à aucune autonomie spirituelle, légale ou matérielle, ni à aucun statut. Dépendante matériellement de son père puis de son mari, elle passe directement du statut de fille à celui de mère. L'épouse ? Au service de son époux. Considérée comme une mineure. Il n'y a aucune place pour la femme, adulte, considérée d'égale à égal avec son mari.

Elle n'a le pouvoir que par procuration. Au nom des hommes de sa vie. Pour en retrouver une parcelle, le seul moyen pour elle est désormais d'engendrer un fils. L'encenser, le révérer comme un dieu, l'idolâtrer, c'est améliorer son propre statut. Plus tard, ce fils trouvera normal que son épouse se comporte avec lui comme sa mère l'a fait.

Quant aux filles, accueillies froidement par leur propre mère à cause de leur sexe, elles trouvent tout naturel de se voir accorder par leur futur mari une place de second ordre. Le système est ainsi parfaitement huilé. Le patriarcat a rendu inoffensif le pouvoir des mères. Il l'a mis à son service, canalisé et dompté. Mieux, c'est grâce à elles que le système se perpétue, se régénère, se renouvelle et s'auto-entretient.

Si ce système a si longtemps perduré, c'est qu'il offre aussi aux femmes de nombreux avantages. Elles y ont trouvé – et heureusement – de nombreux aménagements. Certaines ont même parfois réussi à sortir du lot, comme George Sand, Virginia Woolf, la reine Victoria, Blanche de Castille, Cléopâtre ou Indira Gandhi. Exceptions qui confirment la règle et l'ont souvent payé cher.

Les autres, maîtresses femmes, exercent leur pouvoir à l'intérieur de leur foyer. Elles y manifestent l'aspect masculin d'elles-mêmes. Elles réfléchissent, organisent, dirigent, règnent sur leur maison et parfois sur les cœurs. À l'intérieur, la femme souvent décide et l'homme la laisse décider. Peu importe. Aux yeux de la société, elles redeviennent légalement des mineures. Au fil du temps, le système se rigidifie et se sclérose. C'est la porte ouverte aux abus. Je n'éprouve pas le besoin de les développer ici tant le sujet a été par ailleurs abondamment traité[1].

Nous sommes maintenant au début du XXe siècle. Les univers masculin et féminin sont de plus en plus cloisonnés. Entre hommes et femmes, c'est l'apartheid. Le nazisme en Allemagne amène ce mouvement à son paroxysme. Il incarne les seules valeurs masculines érigées en modèle unique et absolu. C'est le règne non plus seule-

1. Voir par exemple Christine Ockrent (dir.), *Le Livre noir de la condition des femmes*, XO Éditions, 2006. Ou Amnesty International, *Les Violences faites aux femmes en France : une affaire d'État*, Autrement, 2006.

ment des hommes, mais des surhommes. La force devient vertu suprême. Toute vulnérabilité est bannie et méprisée. Projetée sur tout un peuple. À exterminer. Des êtres humains sont réduits à l'état, non pas d'animaux, comme le fit autrefois l'esclavage, mais d'objets. Ou, pire encore, de numéros. Tatoués sur leurs poignets. Leurs noms sont remplacés par des nombres. Coupée de sa dimension féminine, la virilité devient pathologique. La logique masculine, poussée à l'extrême, conduit à la déshumanisation.

Les contraires émergent l'un de l'autre. Quand le soleil est à son zénith, il se met à décliner. Point d'orgue d'un processus qui a commencé il y a près de cinq mille cinq cents ans, le nazisme marque l'apogée des seules valeurs viriles. Son effondrement signe les prémices du retour des valeurs féminines.

En 1944, les Françaises obtiennent le droit de vote. Elles sont considérées comme des citoyennes à part entière. C'est le début de la libération. En 1967, avec l'avènement de la pilule contraceptive, saute un deuxième verrou dont nous n'avons pas fini de mesurer la portée. Il est désormais *possible d'être femme sans être mère.*

L'année suivante, la révolution de 1968 fait voler en éclats les structures patriarcales. Les divorces se multiplient. Pour conquérir leur indépendance financière, les femmes investissent en masse le monde du travail.

5.

Travail : la troisième voie

Les valeurs féminines à la conquête du monde du travail ?

Jeudi 17 août 2006. À la une du journal *Le Monde*, deux titres en apparence sans lien entre eux. Le premier, en bas de page, annonce : « Major(e) de l'X ». Le second, en haut à droite : « Indra Nooyi dirigera bientôt le groupe PepsiCo ». Une femme prend les rênes d'une multinationale. Ces deux informations presque côte à côte ont valeur de symbole. Les femmes sont désormais dans le monde des affaires une valeur sûre, sur laquelle chacun sait qu'il est possible de compter.

Sur la base des entreprises de l'indice américain Fortune 500, il est apparu chiffres à l'appui que les sociétés aux équipes de direction les plus féminisées affichaient pour l'actionnaire un taux de rendement global supérieur de plus de 30 %. Au niveau des centres de décision, la présence féminine est un facteur d'excellence[1].

---

1. Selon une étude de l'institut américain Catalyst réalisée en 2004 et citée par Jean-François Tardiveau, *Mieux vivre votre argent*, juillet-août 2006.

Qui pourrait affirmer aujourd'hui sans rougir que les femmes sont moins performantes et réussissent moins bien que les hommes ? Elles ont fait leurs preuves et sont en train de conquérir les derniers bastions de l'empire masculin comme l'armée ou la finance.

Vingt ans après l'apparition dans les colonnes du *Wall Street Journal* de l'expression « plafond de verre », qui empêchait les femmes de monter au plus haut niveau de la hiérarchie, de plus en plus d'entre elles investissent les postes de direction. Elles sont maintenant dix à la tête de l'une des cinq cents plus grosses entreprises des États-Unis.

Depuis les travaux de l'historien Fernand Braudel, nous savons qu'au-delà de toute loi et de toute raison, les mentalités sont lentes à évoluer[1]. En 2002, les femmes occupaient aux États-Unis 15,7 % des postes de direction d'entreprise. Elles en occupent 16,4 % en 2006[2]. La progression est lente mais inexorable. Merci à nos mères féministes. Même si un long chemin reste à parcourir, le processus est en marche. Il est maintenant affaire de temps.

Si les revendications des femmes concernant l'égalité salariale et la parité restent toujours d'actualité[3], leur combat aujourd'hui se situe également sur un autre terrain, moins visible, non dit, plus subtil et même peu « politiquement correct ».

---

1. Rappelons-nous que c'est seulement en 1984 que le dernier pays européen à ne pas avoir encore accordé le droit de vote aux femmes – le Lichtenstein – s'y est enfin résolu.

2. *Le Monde*, 16 août 2006.

3. En France, les femmes représentent 45 % de la population salariée, mais seulement 3,5 % seulement des états-majors des entreprises du CAC 40.

À l'intérieur du journal, *Le Monde* affiche sur un quart de page une photo d'Indra Nooyi, radieuse. Ses yeux sont lumineux, emplis de jovialité et de gaieté. Sa bouche, grande ouverte sur un sourire, montre ses dents blanches et bien alignées. Elle rayonne de joie, elle rit, elle est belle.

Arrêtons-nous un instant et rêvons un peu. Imaginons les P-DG de Danone ou de L'Oréal ou encore de Total arborant publiquement une aussi franche joie de vivre à la une du *Monde*. Ne perdraient-ils pas illico une partie de leur crédibilité ?

La photo d'Indra Nooyi laisse croire qu'elle est joyeuse à cause de sa nomination. En réalité, si vous prenez le temps de lire la légende, vous découvrirez qu'elle date d'un an. Elle a été prise à un dîner de gala à New York. Les secrétaires de rédaction du *Monde* auraient-ils choisi une telle photo s'il s'était agi d'un homme ? N'auraient-ils pas choisi un portrait plus austère, montrant le sérieux et l'efficacité présumés du nouveau dirigeant ?

De même, si au lieu de Clémentine Marcovici, André Dupont avait été reçu major de l'X, *Le Monde* aurait-il écrit en sous-titre, comme il l'a fait pour elle : « Son credo : ne pas s'ennuyer. André Dupont, sorti en tête de l'École polytechnique, a le sens de l'humour et le goût du théâtre » ?

Comme si ce jour-là, dans *Le Monde*, Indra Nooyi incarnait – sans doute bien malgré elle – une autre manière possible de diriger et de faire des affaires, y compris à l'échelle planétaire.

Comme si ce n'étaient plus les femmes, mais les valeurs féminines qui cherchaient maintenant à trouver leur place dans le monde du travail.

Un monde du travail dominé par les valeurs patriarcales

Notre civilisation occidentale oppose joie et sérieux. Parlez de vos difficultés, de vos fatigues et de vos tracas, tout le monde vous considérera. En revanche, si nous sommes joyeux, nous ne sommes pas sérieux. Et pourquoi pas membres d'une secte[1] ? Le féminin n'est pas considéré comme sérieux. Tout spécialement dans l'entreprise. Autrement dit :

– le yin, ce n'est pas sérieux ;
– le repos, ce n'est pas sérieux ;
– la douceur, ce n'est pas sérieux ;
– les émotions, ce n'est pas sérieux ;
– l'amour, ce n'est pas sérieux ;
– la spiritualité, ce n'est pas sérieux.

Aujourd'hui encore, notre monde du travail est structuré par un patriarcat parvenu à son paroxysme. Les valeurs masculines culminent. Telle une supernova en pleine explosion, elles sont à leur apogée. Elles seules sont véritablement respectées.

Je présentais les informations télévisées du matin. Je me levais à l'aube. À trois heures du matin, le réveil sonnait. Une demi-heure plus tard, je grimpais dans un taxi qui m'emmenait à mon travail. Il faisait nuit noire. J'avais 26 ans et il s'agissait de mon premier vrai job salarié.

---

1. Thomas d'Ansembourg, *Être heureux, ce n'est pas nécessairement confortable*, Éd. de l'Homme, 2004.

Vu de l'extérieur, j'occupais une fonction enviée. En réalité, j'avais l'impression de ressembler à un Shadok. Je ne sais pas si vous vous souvenez de ce dessin animé qui passait tous les soirs dans les années 1970 à la télévision, juste avant les informations. Il finissait toujours par cette phrase : « … Et les Shadoks pompaient, pompaient… » Ils pompaient dans le vide en se prenant très au sérieux.

Chaque matin, je débitais ma tranche d'informations. Ma voix s'efforçait, avec succès, de calquer le rythme cadencé des présentateurs. Je martelais : « Dix morts… vingt-quatre blessés…, c'est le dernier bilan de la catastrophe aérienne survenue hier… » Comme l'exigeait le protocole professionnel, mon ton restait neutre. J'avais bien essayé, à mes débuts, de laisser passer une flamme de spontanéité dans mon regard ou mes mimiques. Peine perdue. Il fallait que cela soit impersonnel. J'avais le droit de sourire mais à heure fixe : au moment où je « lançais » la météo par exemple, ou encore lorsque je disais : « Je vous souhaite à tous une très, très bonne journée ! »

Souvent le cœur n'y était pas et je demandais à un technicien ou à un stagiaire, au moment prévu, de me faire une grimace. Alors, sans trop me forcer, j'arrivais, de toutes mes dents, à sourire à la caméra. Un journaliste, me répétait-on à l'époque, ne doit pas avoir d'états d'âme. J'en avais des tas, des états d'âme. Je me croyais objective. Je ne l'étais pas.

J'avais soif de hauteur, de grandeur. J'étais en manque. J'aurais voulu être un homme, me comporter comme un homme, mais au fond, je n'y parvenais pas. Je pleurais souvent sans savoir pourquoi. Il ne fallait surtout pas le montrer. On m'aurait dit : « Mais tu as tout pour être heureuse ! Arrête de te plaindre ! Remue-toi ! Pense aux petits enfants qui meurent de faim... », je n'aurais rien su répondre. J'étais jolie. J'étais intelligente. J'avais un travail « intéressant ». Je ne manquais pas d'argent. Alors ?

Je me sentais nue, démunie face à la vie. J'avalais chaque jour un cocktail de petites pilules jaunes ou roses : des antidépresseurs et des tranquillisants. J'étais prête à tout pour que cessent cette douleur, ce chagrin. Je ne comprenais pas pourquoi, sans raison apparente, j'étais si malheureuse, si désespérée. À vouloir contrôler mes émotions, à ne pas vouloir les montrer, à tout faire pour les anesthésier, je croyais me protéger. En réalité, je devenais une proie facile. Mon chef pouvait me traiter comme bon lui semblait, parfois même m'humilier en public, je ne bronchais pas. C'est ainsi que je suis devenue une victime. Seule façon pour moi à ce moment-là d'exprimer ma vulnérabilité.

Sois belle, travaille et tais-toi

Autrefois, pour préserver le lien avec un époux dont elles étaient dépendantes matériellement, beaucoup de femmes ravalaient leur amertume, leurs chagrins et leur colère. Maltraitées, elles ne disaient rien. Leur mari continuait alors en toute inconscience et bonne conscience de se comporter en tyran. Il considérait souvent son épouse comme sa servante.

Beaucoup d'entre nous ne sont pas sorties de ce modèle. Nous l'avons juste déplacé. Combien sommes-nous à reproduire aujourd'hui avec notre patron ce que notre mère ou notre grand-mère avait vécu par le passé avec son mari ?

Dans un contexte économique difficile, nombreuses sont celles qui se sentent dépendantes, non plus de leur mari, mais de leur supérieur hiérarchique. De peur de perdre leur emploi et d'être rejetées du système, elles ne s'autorisent pas à exprimer ce qu'elles ressentent. C'est le déni de soi-même et de ses limites. La négation du féminin. Leur patron dispose alors d'un pouvoir absolu et peut, comme les maris d'antan, continuer en toute impunité à se comporter en despote.

Des chefs de service zélés, obsédés par des menaces sur la survie économique de l'entreprise, traitent leurs employés comme des objets. Ils les dévalorisent, parfois les humilient et, dans les cas extrêmes, nient en eux toute humanité. Ils les dépossèdent et leur pillent ce que tout à la fois ils dédaignent et leur envient : joie de vivre, sensibilité, créativité, énergie positive. Cela leur donne, à eux, une énergie considérable à laquelle ils ne reconnaissent pourtant aucune valeur. Comme ce ne sont pas des valeurs marchandes, ils les méprisent. Ils brisent ainsi en eux tout élan et tout enthousiasme. Leur mot d'ordre : « Pas d'états d'âme. »

Ce phénomène se répand comme une traînée de poudre[1]. Au point qu'il porte désormais un nom : le harcèlement moral. En Europe, douze millions de personnes en sont victimes[2]. Si j'en parle ici, c'est qu'il nous montre comme au travers d'une loupe ce qui se produit lorsque nous

1. Plus de la moitié des employés du Royaume-Uni ont déjà été persécutés sur leur lieu de travail, près de 80 % ont été témoins de tels traitements.

2. Chiffres du BIT (Bureau international du travail) cités par Suzanne Peters et le docteur Patrick Mesters in *Vaincre l'épuisement professionnel*, Robert Laffont, 2007.

excluons de nos vies les valeurs du féminin. Lorsque le système masculin est notre seul modèle. Lorsque notre féminin est rayé de la carte, notre humanité l'est aussi.

Astride est fonctionnaire. Dans son précédent job, elle a subi un harcèlement moral de la part de sa supérieure hiérarchique et elle est en train de reproduire le même schéma aujourd'hui. Lorsque son patron lui lance des sarcasmes ou lui demande de rester tard le soir, elle ne dit rien, n'exprime pas ce qu'elle ressent. Le pouvoir de son patron ne rencontre aucun obstacle.

Avec moi, Astride apprend à dire non, qu'elle est blessée ou épuisée, agacée ou irritée. Elle apprend à respecter ses limites. Sa vulnérabilité. Les choses rentreront dans l'ordre.

Si les femmes sont les premières concernées par le harcèlement moral, ce n'est pas qu'elles sont plus vulnérables. C'est parce qu'elles font comme si elles ne l'étaient pas. Et pourtant. À cet égard, les chiffres[1] sont éloquents :

– les femmes constituent le gros des travailleurs pauvres : sur près de 9 millions d'actifs percevant un salaire inférieur au SMIC, 8 sur 10 sont des femmes ;

– les familles monoparentales, en constante augmentation, sont composées à 85 % par des femmes ;

– les femmes occupent la quasi-totalité des emplois précaires : intérim, stages, emplois aidés, jobs dévalorisés avec conditions de travail difficiles, horaires morcelés, lieux de

1. Voir Louis Maurin et Patrick Savidan, *L'État des inégalités en France*, Belin, 2006.

travail éparpillés. Les services à la personne, essentiellement dévolus aux femmes, sont peu protégés sur le plan syndical, sans garantie de régularité et génèrent souvent fatigue et stress considérables ;

– près de 2 femmes sur 3 occupent un emploi dans 6 catégories socioprofessionnelles seulement sur 84 recensées. Ce sont souvent les plus dévalorisées ;

– s'occuper d'enfants est moins bien payé que de s'occuper d'animaux ou de l'état d'un ordinateur ;

– en moyenne, les femmes gagnent 20 % de moins que les hommes en salaire annuel.

Les valeurs masculines règnent en maître absolu tout spécialement à l'intérieur des grandes entreprises, aux fondations enracinées dans le passé. Les fusions-acquisitions se multiplient. Elles enflent de plus en plus. Résultat : leurs dirigeants sont de plus en plus éloignés des réalités que vivent au quotidien leurs employés. Exemple bien connu : le fonds de pension étranger propriétaire d'une société située à des milliers de kilomètres de là. Des décisions sont alors prises par des hommes qui imaginent sur le papier une entreprise virtuelle d'où toute erreur est absente.

Dans ce monde idéal, l'univers masculin des chiffres est considéré comme le seul monde réel. La perfection est la règle ; l'idéal devient la norme[1]. Sur le terrain, de l'employé au cadre, tous tentent de s'y conformer. La vulnérabilité, elle, n'existe pas. Sont par conséquent bannies toutes formes d'humanité : besoins élémentaires de repos, de lien, de

1. Marie-Anne Dujarier, *L'Idéal au travail*, PUF, 2006.

temps, ou de douceur. Dans cet univers, le niveau de bonheur se mesure à l'aune du taux de croissance. Les êtres humains sont alors considérés comme des machines, de simples outils au service du dieu argent.

En 2001, Marks & Spencer annonce la fermeture de 38 magasins. L'action monte le même jour de 7 %. Son PDG se voit attribuer une « prime de performance » de 1,2 million d'euros, équivalente à un an de salaire, ainsi que 15 millions d'euros sous forme de stock-options. Interviewé par The Gardian, *il affirme : « C'était la seule décision qui avait du sens », et quelques jours plus tard, dans une autre interview, il déclare : « Je ne suis pas assez payé pour ce métier très dur »*[1].

Aujourd'hui, dans notre vie professionnelle, seuls comptent les chiffres, l'efficacité, la rentabilité. Nous vivons sous le règne quasi exclusif des valeurs de matérialisme, de pouvoir, de conquête, de compétition, de domination, de force, de technique, de gloire, de possession... Sur elles se fondent nos actions. Hommes et femmes s'inclinent bien bas devant la dictature de l'économie et de la performance. Ils font allégeance aux seules et uniques valeurs masculines.

Le 1er mars 2007 au journal télévisé[2], un employé d'Airbus, pourtant menacé de licenciement, déclarait : « Je suis fier de m'appeler Airbus. » Nombreux sont ceux et celles qui s'identifient corps et âme à leur entreprise, qui vivent

1. In Vincent de Gaulejac, *La Société malade de la gestion*, Seuil, 2005.
2. Journal de 20 heures sur France 3.

seulement par elle et pour elle. Ses valeurs (seulement masculines) deviennent leurs valeurs. L'économie est leur maître. S'ils sont licenciés, ils n'auront aucune autre valeur sur laquelle s'appuyer.

Le prix à payer en matière d'équilibre psychologique ou de qualité de lien avec notre entourage est considérable. Les cas de suicide dans l'entreprise augmentent de façon exponentielle. Un cadre sur cinq est aujourd'hui sous psychotropes ou antidépresseurs[1]. Les cas de *burn-out* se multiplient. Le mot signifie littéralement « surcharge de tension », « grillage des circuits électriques ». En clair, pétage de plombs pour cause de surmenage. Cette nouvelle maladie rccensée par les psychiatres fait suite à un épuisement professionnel.

L'entreprise barbare et ces femmes qui en font trop

« Au XXe siècle, déclare l'économiste français Daniel Cohen[2], l'efficacité dans l'entreprise consistait à tout faire pour séparer le travailleur de son humanité. » De nombreux essais[3] publiés ces dernières années dénoncent l'inhumanité qui règne aujourd'hui dans l'« entreprise barbare[4] », du nom d'un ouvrage écrit par un ancien consultant en organisation et un journaliste. Pour se débarrasser de ceux qui ne leur sont

1. Selon Patrick Laure, chercheur au CHU de Nancy, in Vincent de Gaulejac, *La Société malade de sa gestion*, *op. cit.*

2. Daniel Cohen, *Nos temps modernes*, Flammarion, 2000.

3. Voir par exemple l'excellent livre de Christophe Dejours, *Souffrance en France*, Seuil, 1998.

4. Albert Durieux, Stéphène Jourdain, *L'Entreprise barbare*, Albin Michel, 1999.

plus utiles, les grandes structures, disent-ils, inventent une panoplie de méthodes raffinées et perverses. Objectif : écraser l'individu. Ces assassinats en règle sont devenus si normaux que nous ne les remarquons même plus.

À se demander si la « banalité du mal » dont parle la philosophe Hannah Arendt à propos du système nazi ne pourrait pas aussi s'appliquer à notre époque. C'est en tout cas l'avis du psychiatre et psychanalyste François Emmanuel. Dans *La Question humaine*[1], il rapporte le cas véridique d'un psychologue rattaché au département des ressources humaines d'une multinationale implantée dans le nord de la France. Un plan de restructuration venu de la maison mère décrète une brutale réduction de personnel. Un psychologue est sollicité par la direction pour affiner les critères de sélection. Comme les médecins autrefois dans les camps de concentration ?

« Ce n'est pas une comparaison, c'est une mise en perspective, répond le psychiatre. J'ai retrouvé un document réel, une note écrite par les nazis, datée du 5 juin 1942, qui propose en sept alinéas des modifications techniques en vue d'une plus grande efficacité des camions à gaz Saurer. Or, ces camions avaient pour mission d'éliminer les Juifs par asphyxie plus efficacement et plus "proprement" que dans les fusillades massives. Dans cette note, tout ce qui peut rappeler l'être humain y est remplacé par des mots purement techniques comme "marchandises", "chargement". L'être humain y est chosifié, réduit à l'état d'unité comptable. De cette

1. François Emmanuel, *La Question humaine*, Stock, 2000.

manière, le lecteur de la lettre ne peut avoir d'états d'âme. Quand j'ai lu cette note pour la première fois, cela m'a fait froid dans le dos. J'ai tout de suite fait le lien avec ce qui se passe aujourd'hui dans l'entreprise. Par exemple avec ces notes techniques, froides et abstraites, destinées à justifier les licenciements à coups de mots qui font écran comme "restructuration" ou "plan social". Cela m'a terrifié. Ce langage et cette logique de l'efficacité, on les retrouve actuellement dans le monde du travail et dans l'ensemble de la société.

– Vous avez trouvé d'autres points communs entre la machine nazie et le monde de l'entreprise ?

– Il y a dans cette machine nazie une hyperspécialisation des tâches. Elle conduit à une responsabilité partielle, limitée dans le temps et à une tâche précise. L'attention est focalisée non pas sur l'humain mais sur l'efficacité matérielle, par exemple celle des camions Saurer. Une responsabilité éthique devient une responsabilité technique.

– Quelle était votre intention en écrivant ce récit ?

– J'avais envie qu'il soit comme une question brutale posée au lecteur.

– Laquelle ?

– La question humaine. Le monde économique fonctionne aujourd'hui de façon autonome dans une pure logique de profit et d'efficacité. Il a délogé l'humain de sa place centrale. Où s'arrêtera-t-on ? L'économie devrait être au service de l'homme, c'est l'homme qui est aujourd'hui au service de l'économie. »

Dans les premiers temps du féminisme, les femmes avaient été obligées de passer par les fourches caudines du pouvoir en place. Il leur avait fallu prouver que, comme les hommes, elles étaient capables d'autorité, d'efficacité, de performance. Pour se faire accepter, elles avaient été obligées d'être deux fois plus efficaces qu'eux, deux fois plus rentables… D'où la célèbre phrase de Françoise Giroud : « L'égalité homme-femme aura eu lieu lorsqu'il sera possible de nommer une femme incompétente à un poste de responsabilité. » Sur cette lancée, beaucoup de femmes cherchent encore à prouver et à se prouver qu'elles peuvent faire aussi bien que les hommes. Et, du coup, elles en font trop.

Lydia a 58 ans. Boule d'énergie, elle déborde de puissance et de créativité. Elle travaille dans une petite entreprise dont elle est le moteur. Elle ne comprend pas pourquoi toutes ses collaboratrices démissionnent les unes après les autres. Du coup, elle n'ose plus rien dire à Béatrice qui vient d'arriver. Or, sa société rencontre de gros problèmes financiers qu'il est urgent de surmonter. Comme elle dit : « Il faut y aller ! »

« Si vous faisiez comme d'habitude, qu'est-ce que vous diriez à Béatrice ?

– Je lui dirais : fais ça tout de suite ! D'ailleurs, je le lui ai dit, et quinze jours plus tard, ce n'est toujours pas fait.

– Quand vous lui avez demandé ça, j'imagine qu'elle était en train de faire autre chose…

– Oui, et je lui ai demandé si elle voulait bien s'arrêter. »

Au moment où elle prononce cette phrase, Lydia fronce les sourcils et me jette un regard courroucé. Sa demande ressemble à un ordre, voire à une menace. Je ressens une tension dans tout mon corps. Je le lui dis et j'ajoute :

« Ce que je comprends, Lydia, c'est que vous avez les yeux rivés sur l'efficacité et que vous ne tenez pas compte de l'autre.

– Comment ! s'exclame-t-elle, je ne tiens pas compte de l'autre, je suis toute à l'écoute ! »

Et elle ouvre grand les bras comme pour montrer son entière disponibilité.

Lydia ne connaît que les extrêmes. Soit elle ne tient aucun compte de l'autre et elle a les yeux rivés sur ses objectifs. Soit elle tient compte de l'autre et fait ses quatre volontés. Elle ne sait pas encore être à la fois efficace et attentive à l'autre.

« Tenir compte de Béatrice ! Mais si vous saviez comme elle est chochotte !

– Tenir compte de l'autre, c'est tenir compte de ses besoins légitimes. Pas de tous ses caprices. Il y a des limites.

– Alors de quoi cette femme a-t-elle besoin ? me demande-t-elle d'un ton exaspéré.

– Elle pourrait par exemple avoir besoin d'un temps d'adaptation pour se brancher avec vous.

– De quelle manière ?

– Vous pourriez lui demander par exemple si vous pouvez la déranger cinq minutes, elle se sentirait alors respectée dans son travail. Elle a ensuite sans doute besoin également de temps pour comprendre ce que vous lui demandez et pourquoi vous le lui demandez. Elle n'y a pas, comme vous, réfléchi toute la nuit…

– Ah oui, en effet, cela me parle. En plus, tout le monde me dit que je vais trop vite ! »

Lydia est en train de prendre conscience que, sous couvert d'autorité, elle est autoritaire. Beaucoup de femmes, comme elle, ont été obligées de se mouler dans un monde du travail fait par les hommes, pour les hommes. Elles avaient endossé vaille que vaille un costume qui ne leur allait pas. Il leur avait fallu intégrer habitudes et comportements masculins. Avaler tout rond, tel quel, parfois du jour au lendemain, un concentré de valeurs masculines parfois amer. Mettre leurs propres valeurs – féminines – au vestiaire.

Des valeurs féminines pour une économie plus humaine

Nous ne pouvons croître et grandir qu'en assimilant le monde extérieur : des aliments, des idées, des principes. Or, toute véritable assimilation commence par un processus de destruction, de déstructuration[1]. Nous croquons une pomme avant de la digérer et de l'assimiler. Nous faisons de même avec une information nouvelle venue de l'extérieur. Pour pouvoir la faire nôtre, nous avons besoin d'abord d'utiliser notre agressivité (du latin *ad-gressere* qui signifie « aller vers ») pour la soumettre au feu de notre jugement, la passer au crible.

Aux premiers temps du féminisme, c'était mission impossible. Après cinq mille ans d'immersion dans une culture patriarcale dénigrant le féminin et glorifiant les valeurs viriles, la plupart des femmes vivaient comme une faveur d'entrer dans un monde masculin autrefois si admiré. Comment leur serait-il venu à l'idée de le critiquer ?

1. Voir Serge Ginger, *La Gestalt, une thérapie du contact*, Hommes et Groupes, 2000.

L'enfant qui n'a pas encore développé ses dents ingère tout rond ce que ses parents lui disent. Lorsque nous acceptons de façon non critique un système donné, en bloc, sans rien y changer, nous neutralisons notre agressivité – autrement dit notre esprit critique – et elle s'exprime alors de manière détournée, sous forme de rancœur, de hargne, de ronchonnements, de tracasseries, de complaintes, d'irritation ou d'hostilité. Les aliments, idées, principes, demeurent en nous comme des corps étrangers. Ils nous pèsent. Et souvent nous restent sur l'estomac. C'est comme si nous ingurgitions des aliments sans les mâcher[1].

Lorsque ses dents apparaissent et, partant, son agressivité, l'enfant devient capable de mastiquer. Il peut alors faire sienne la nourriture, se l'approprier.

Aujourd'hui, c'est un peu comme si nos dents avaient poussé. Nombreuses sont les femmes qui ont désormais atteint dans le monde du travail suffisamment de maturité et de crédibilité pour commencer à l'analyser et à le faire leur. À le réorganiser ? Viviane a 45 ans. Elle occupe un des plus hauts postes d'une des entreprises du CAC 40 :

Le prochain poste que je vais occuper dans l'entreprise, sans doute l'année prochaine, sera mon « bâton de maréchal », vu qu'au-dessus, il n'y a plus que le P-DG. À mon niveau, il n'y a quasiment plus de femmes, on est vraiment entre hommes ! Je n'avais jusque-là jamais voulu adopter les habitudes professionnelles masculines pour réussir. J'avais toujours voulu rester moi-même, travailler dans le respect

1. Dr Frederick Perls, *Le Moi, la Faim, l'Agressivité*, Tchou, 1978.

de valeurs telles que l'écoute, la souplesse, la coopération plutôt que dans le rapport de force. Mais, à ce niveau de responsabilité, je ne sais pas comment je vais faire pour continuer à les appliquer. Il en va de ma responsabilité puisque, à ce stade, je déciderai de tout. Ce n'est pas une question de compétence, ni de méthode, c'est à moi d'inventer une nouvelle façon d'être et de faire. Être à la fois rigoureuse dans mon boulot et fidèle à mes valeurs. Mais je ne sais pas encore comment je vais pouvoir tout concilier.

Comme le souligne Viviane, il ne s'agit pas de remplacer le travail, la rentabilité et l'efficacité par le repos, la gratuité ou la spiritualité. Il s'agit d'apprendre à marier les uns avec les autres. De construire un pont entre valeurs féminines et masculines. Concilier respect de soi et de son travail, vie professionnelle et vie privée. L'un n'empêche pas l'autre[1].

« Économie » vient du grec *oikos nomos*, « organisation de la maison ». L'économie est donc au service des êtres humains qui la composent, et non les êtres humains au service de l'économie. L'expansion d'une maison, d'une entreprise, d'une cité ou même d'un pays n'a pas de sens si elle ne contribue pas à l'amélioration du bien-être non seulement de son propriétaire, mais aussi de ses employés et de son environnement.

Aujourd'hui, la logique financière tourne à vide, elle n'a d'autre finalité qu'elle-même. Comme une fusée sortie du champ de gravitation et qui continuerait sa course vers le

1. Arouna Lipschitz, *L'un n'empêche pas l'autre*, Le Souffle d'or, 2003.

cosmos sans s'apercevoir que le lien avec la Terre a été coupé.

Nous pourrions rêver à une *économie... plus humaine*. C'est le nouveau défi des femmes et des hommes d'aujourd'hui. Apprendre à mener de pair vie intérieure et vie extérieure, vie professionnelle et vie privée. Valeurs masculines et féminines.

Même s'il en est encore à ses débuts, le mouvement a déjà commencé. Il touche autant les hommes que les femmes. Et, curieusement, les hommes davantage que les femmes. Il est par exemple devenu valorisant pour les hommes de s'occuper de leurs enfants ou de la cuisine. S'ils le font, leur entourage les admire et les félicite. C'est chaque fois un petit événement. S'ils travaillent, tout le monde en revanche trouve cela normal. Pour les femmes, c'est l'inverse. Il est valorisant pour elles de travailler, pas de s'occuper de leurs enfants. Si elles le font, leur entourage pense que c'est la moindre des choses. Un non-événement. Résultat : les hommes sont de plus en plus nombreux à désinvestir leur travail au profit de leur vie privée. Savez-vous pourquoi le prédécesseur d'Indra Nooyi à la tête de PepsiCo a donné sa démission ? Steve Reinemund, 58 ans, s'est retiré des affaires « pour se consacrer davantage à sa famille ». L'anecdote est révélatrice. Pour paraphraser une célèbre publicité, les valeurs féminines, ce sont aujourd'hui les hommes qui en parlent le mieux.

Autre exemple : au plus haut niveau, P-DG et cadres dirigeants se ménagent de plus en plus souvent du temps pour se ressourcer. Ils comprennent que le repos est un investissement productif propice à la réflexion, qu'il les rend plus efficaces. Ceux qui, il y a quelques années encore, auraient le week-end rapporté des dossiers à la maison, libèrent désormais leur vendredi. C'est le cas par exemple du journaliste et présentateur de télévision Patrick Poivre d'Arvor qui travaille ce jour-là chez lui à la préparation de ses émissions littéraires. Ce mouvement, bien qu'encore souvent réservé à une élite, donne le ton. Les mentalités, même avec lenteur, sont en train d'évoluer. Grâce aux hommes ?

Oser la différence : la prochaine étape du féminisme

À l'inverse, les femmes, toujours sur la lancée féministe, revendiquent souvent l'égalité sans encore oser la différence.

Leur seule manière de retrouver leur identité est souvent le rejet du système. Quitte à endurer les foudres de leur mère féministe, de nombreuses femmes prennent la décision de revenir à la maison. Elles le vivent souvent comme une rébellion. Contre une éducation qui n'avait d'autre visée que leur carrière. Contre un monde du travail devenu inhumain.

Le phénomène touche même les femmes cadres de haut niveau. Aux États-Unis, selon le dernier recensement mené par les services de l'emploi, 22 % des diplômées de l'enseignement supérieur sont mères au foyer[1]. Une jeune journaliste française, qui a vécu cette tentation, a même écrit un livre intitulé *La femme au foyer est-elle l'avenir du fémi-*

1. *L'Express*, 5 octobre 2006.

nisme ?[1]. La femme au foyer, probablement pas. Mais le féminin ?

« La maternité est perçue aujourd'hui comme une forme d'accomplissement de soi, au risque d'incarner la vérité suprême de la féminité », s'inquiète la psychiatre Muriel Flis-Trèves[2]. Pour la plupart des femmes, la maternité est en effet la seule et unique manière de vivre et d'incarner leur féminité.

Au travail, plombées par plus de cinq mille ans d'histoire, désirant rattraper le temps perdu et voulant faire du zèle, elles sont souvent les premières à révérer et craindre le dieu économie. À dévaloriser les valeurs du féminin. Elles n'imaginent même pas que ces valeurs puissent être autre chose que des freins à l'intérieur d'une entreprise considérée par certaines comme un temple. Et que, bien loin d'affaiblir sa performance, elles pourraient la stimuler.

Les femmes n'ont plus seulement à crever le plafond de verre du monde du travail. Elles ont à oser y introduire des valeurs nouvelles, différentes, plus respectueuses de leur personne et de leur humanité. Valeurs qu'elles commencent à se réapproprier même si ce n'est pas encore au grand jour.

Astride fait partie du comité de direction de son entreprise. Elle y est la seule femme. Une fois par mois, le comité se réunit de huit heures du matin à… huit heures du soir, avec une pause déjeuner de vingt minutes. Quand elle s'en

1. Cécile Margain, *La femme au foyer est-elle l'avenir du féminisme ?*, Éditions n° 1, 2007.

2. *L'Express*, 5 octobre 2006.

plaint à son entourage, elle s'entend répondre : « Ce poste, tu l'as voulu, tu l'as ! » ou encore : « Avec le salaire que tu as, c'est la moindre des choses, tu n'as pas à te plaindre ! » Son visage est impassible quand elle me raconte son emploi du temps surchargé. Seul son pied s'autorise à bouger frénétiquement :

« Que me dit votre pied, Astride ? Pourrait-il avoir envie de donner des coups ?

– Ah oui, alors ! Il aurait envie d'envoyer tout balader !

– Pouvez-vous me dire plus précisément ce qu'il aurait envie d'envoyer balader ? »

Pour réfléchir, elle fait alors une moue d'enfant. Je fais de même pour le lui faire remarquer. Tout de suite, elle est sur la défensive :

« Vous voyez bien, je suis immature ! C'est ce que me dit mon compagnon quand je lui fais part de mon ras-le-bol.

– Moi, cette petite fille que vous qualifiez d'immature, j'ai envie de l'écouter et de savoir ce qu'elle a à dire. Je fais d'ailleurs l'hypothèse que, tout comme vous quand vous étiez enfant, elle est au contraire bien trop mûre pour son âge. Elle porte beaucoup, cette petite fille. Et elle ne s'en rend même pas compte. »

Les larmes lui viennent aux yeux. Apparemment, j'ai touché juste.

« Si elle pouvait leur parler, que dirait la petite fille à tous ces hommes ? »

La réponse ne se fait pas attendre. Comme si elle n'attendait que de pouvoir enfin s'exprimer :

« Vous me coupez les ailes ! Vous m'engluez comme dans une nappe de pétrole ! Mes idées sont passées au hachoir de

votre filtre et elles perdent de leur substance. Vous êtes déconnectés de la réalité. Votre structure a pour priorité de s'autoconserver, elle est figée. Vous passez votre temps à reproduire le même système qui finit par tourner à vide. Je n'aime pas votre manière de travailler.

– Pouvez-vous leur dire plus précisément encore ce que vous n'aimez pas ?

– Vous êtes besogneux. Vous êtes les rois des dossiers. Il vous faut des kilos de documents administratifs pour vous rassurer. Vous privilégiez la quantité au détriment de la qualité. Vous êtes arrogants, dans l'autosatisfaction. Je n'aime pas votre méfiance permanente.

– Et vous, qu'est-ce que vous aimez ?

– J'aime l'agilité, la souplesse. Vous ne croyez qu'à l'intellect, je crois à la créativité. J'aime développer l'humain, la confiance, les liens. Faire confiance aux personnes avec qui je travaille pour qu'elles puissent s'exprimer. J'aime le mouvement et la vie. Ils croient que je suis David contre Goliath. C'est faux, en réalité, je m'appuie sur mes réseaux de vente et de distribution et sur la qualité des liens que j'entretiens avec eux. Moi, je suis en prise directe avec la réalité. Ils ne le savent pas encore, mais je suis en train de lever une armée. »

Cette soi-disant petite fille immature avait défini mieux que quiconque comment les valeurs masculines s'opposent encore aujourd'hui aux valeurs féminines. Et demain ? Comme Astride, certaines femmes à haut niveau de responsabilité commencent tout juste à entrevoir le profit qu'elles pourraient tirer de leurs valeurs.

Même si peu osent encore le clamer haut et fort, elles voient que la lenteur (sous la forme du long terme), la joie et le lien à l'autre (facteurs de motivation), le soin de soi et des autres, la bienveillance (qui devient même une stratégie[1]), l'amour ou même la maternité (autrement dit, la créativité), sans compter l'écoute et l'intuition, peuvent être des atouts au service non seulement de la société, mais de leur portefeuille.

Se réclamer de valeurs féminines tout en ne perdant pas de vue les valeurs masculines, ce sera peut-être la prochaine étape du féminisme et elle est déjà enclenchée. Bien des petites graines de cette nouvelle vision du monde du travail commencent à germer. De plus en plus d'investisseurs par exemple ont compris que, loin d'être inconciliables, rentabilité et humanité rimaient volontiers.

Axa Investment Managers est par exemple un fonds commun de placement qui considère les valeurs humaines comme premier critère d'investissement. Outre les valeurs éthiques, écologiques et sociales, son gérant porte une attention particulière à l'histoire personnelle et à l'intégrité des dirigeants de l'entreprise sur laquelle il mise. Il sélectionne des titres de sociétés dirigées par des hommes ou des femmes dont l'histoire a mis en évidence la créativité, l'intuition, les talents de visionnaire, la cohérence, la souplesse ou le courage.

Il va choisir explicitement des patrons qui n'ont pas l'argent comme seul et unique but, mais le goût de créer, d'entreprendre ou de rendre service à la communauté. Son

1. Juliette Tournand, *La Stratégie de la bienveillance*, InterÉditions, 2007.

premier critère : la confiance. C'est ainsi qu'il évite des mésaventures comme celle récemment survenue chez Danone. Un entrepreneur chinois, sous couvert de créer pour eux une filiale, a profité de leur renom pour développer en douce son propre réseau d'usines. Un procès est en cours.

Autre critère d'investissement pour ce fonds de placement d'un nouveau genre : le long terme. Il parie sur des hommes comme, par exemple, Vincent Bolloré qui, depuis cinq ans, investit dans une nouvelle génération de batterie électrique pour le secteur automobile et qui accepte d'attendre cinq années avant d'espérer la moindre rentabilité.

Troisième critère : les valeurs féminines que sont la créativité, la souplesse et l'intuition. Iliad a par exemple inventé la Freebox qui permet, pour une somme modique, d'avoir accès à la fois à Internet haut débit, à la télévision et au téléphone illimité. Son P-DG, le Français Xavier Niel, a ainsi mis fin au quasi-monopole de France Telecom. Dans la foulée, il a pris quatre à six ans d'avance sur les États-Unis où il faut payer cinq fois plus cher pour obtenir le même service. Fondée sur les valeurs humaines, féminines, cette philosophie de gestion a fait ses preuves. Le fonds affiche 4 % de plus que l'indice de sa catégorie.

Un peu partout dans le monde, les réussites économiques dues à la défense de valeurs féminines sont de plus en plus fréquentes. Aux Pays-Bas, un journaliste a lancé la première barre de chocolat *slave-free* (« sans esclavage ») pour poursuivre sa croisade contre l'exploitation éhontée d'enfants dans les plantations de cacao d'Afrique. Teun Van de Keuken veut « prouver qu'il est possible de faire de l'argent avec un produit responsable[1] ». Il considère comme « normale » la responsabilité des entreprises vis-à-vis de la collectivité. Pour lui, les industries « qui ne traitent pas les enfants des autres comme on aimerait voir traiter les siens » sont irresponsables. Le succès de son produit dépasse toute espérance : 80 000 unités se vendent chaque mois dans tout le pays.

Dernier exemple. L'homme le plus riche de Chine est... une femme[2]. Zhang Ying a bâti un empire à partir de rien. Quoi de moins glamour que la récupération de vieux papiers ? Mme Zhang n'a pas bénéficié d'appuis du Parti ou du gouvernement, elle a été soutenue par sa famille et son réseau amical. Ce sont donc les valeurs du féminin qui lui ont permis de surmonter les obstacles. Elle a fait de sa société Nine Dragons Paper Holdings le premier groupe de recyclage de papier et le premier producteur d'emballages de Chine. Elle a le souci du développement durable et de l'environnement. Son slogan : « Nous chérissons la plus petite parcelle de la nature. » Cette réussite, elle aussi, nous indique que, dans un monde en crise, les valeurs du féminin nous sont devenues indispensables.

1. *Libération*, 15 mai 2007.
2. *Le Monde*, 7 mai 2007.

6.

Être femme, ce n'est pas être mère

Encore et toujours le poids du passé

Le partage des tâches. Tout semble déjà avoir été dit sur ce sujet épineux. Or, c'est au travers des tâches ménagères que se concrétisent les principes et les idées reçues qui continuent d'empoisonner notre féminin au quotidien. Rappelons quelques chiffres maintes fois répétés. En dix ans, le temps passé par les hommes aux tâches ménagères a à peine augmenté de dix minutes par jour. Selon le CNRS, les femmes, à travail égal, effectuent les deux tiers du travail domestique.

Autrefois, l'époux échangeait son support financier contre les services maternels, domestiques et même sexuels de son épouse. Aujourd'hui, les femmes travaillent le plus souvent autant que leur mari, parfois plus. Ce schéma n'a donc plus de raison d'être. Il est devenu caduc, inacceptable et profondément injuste. En théorie.

En réalité, il se perpétue dans l'intimité des foyers. Certaines acceptent cet état de fait sans sourciller ; elles s'en accommodent. D'autres râlent, se disputent ou se plaignent, plus souvent à leurs copines qu'à leur mari. La plupart du temps, sans succès.

Est-ce la faute des hommes ? C'est en tout cas ce qui est souvent sous-entendu lorsque nous écoutons ces chiffres bien connus. Même si elle est vraie en partie, l'explication me paraît simpliste, partielle. Et surtout stérile. Tout a été dit ou presque sur cette hypothèse. Rien n'a changé.

Coup de fil de mon amie Fabienne, 42 ans, chef de projet. Elle me raconte son déjeuner, la veille, avec l'une de ses collègues de bureau, Véronique : « Je la croyais super-forte. Elle a complètement craqué devant moi. Elle s'est mise à pleurer. Elle n'en pouvait plus du manque de reconnaissance de tout ce qu'elle fait à la maison : l'intendance, le foyer... J'étais désemparée, je ne savais pas quoi lui dire car je suis dans le même cas. Je ne pouvais même pas lui dire : "C'est pas juste" car cela fait deux fois que je reproduis le même scénario avec deux hommes extrêmement différents l'un de l'autre. Je vois bien que c'est aussi mon problème à moi. »

Le lien entre deux personnes est une cocréation, comme une écharpe dont chacun tiendrait un côté[1] ; nous sommes deux à en être responsables. Nous n'avons aucun pouvoir sur l'autre ; nous n'en avons que sur nous-mêmes. Il me paraît donc plus fécond de nous intéresser à notre part de responsabilité à nous, les femmes, dans la perpétuation de ce système. Aux pièges qui nous poussent bien malgré nous à

1. Pour reprendre la métaphore utilisée par Jacques Salomé dans sa méthode ESPERE.

maintenir cette injustice. C'est à la condition de les identifier que nous pourrons ensuite imaginer comment les déjouer. Comment faire autrement.

Je suis une femme qui travaille, explique Gabrielle. Je n'ai pas beaucoup de temps pour moi. Pourtant je donne beaucoup. Quand je ne donne pas aux enfants, je donne au mari, et quand je ne donne pas au mari, je donne au travail. Ce qui fait que je manque de recul, je ne pense pas beaucoup à moi, et je me laisse porter par les événements. Je gère au jour le jour.

Professionnellement, rien que pour me maintenir à niveau, c'est très difficile. Il me faut jongler, j'ai l'impression d'être un funambule sur une corde et toujours prête à tomber. Parce qu'on me reproche de ne pas être disponible pour ci ou ça, de ne pas faire assez ci ou ça.

Gabrielle est juriste. Elle a 34 ans. Comme beaucoup d'autres femmes, elle mène trois vies de front : professionnelle, maternelle et maritale, sans compter la vie sociale, amicale ou mondaine. Et le club de gymnastique ou l'institut de beauté pour, en plus, rester belle (donc performante). Où trouver le temps de faire une pause, de souffler, de réfléchir ? Les trois quarts du temps, nous sommes sur pilote automatique. Nous ne prenons plus le temps de sentir, de ressentir. Nous ne tenons pas compte de nos désirs. Nous obéissons sagement à un système qui nous est imposé de l'extérieur. Nous avons perdu contact avec notre intériorité. Nous nous sommes oubliées.

Faute d'autres repères, nous reproduisons les anciens,

nous nous y accrochons, parfois désespérément. Dans un souci de sécurité et de stabilité, nous dépensons souvent plus d'énergie à défendre une vision du monde périmée qu'il ne nous en faudrait en réalité pour la réactualiser[1]. Nous ne savons pas vers quel autre modèle nous tourner. Le plus « facile » est encore de fermer les yeux, de se voiler la face, et de reproduire encore et toujours le même fonctionnement.

Selon chiffres et statistiques, le scénario est souvent le même. Jusqu'à l'arrivée du premier enfant, les tâches sont réparties assez équitablement entre hommes et femmes. Tout bascule au moment du congé de maternité. La femme restant à la maison, elle prend alors en charge les tâches ménagères. Le pli est pris et il est ensuite difficile de revenir en arrière.

Témoignage de Pierre, 39 ans, chef de publicité[2]. Sa femme vient de le quitter ; ils étaient mariés depuis seize ans :

Elle assumait aussi bien son rôle de femme, jolie, pomponnée, que le ménage, les courses, les poubelles, les papiers, le boulot, les pieds sur terre, une famille, trois enfants. Et moi. Isabelle faisait tourner la maison. C'était elle qui pensait à tout. Elle dirigeait la famille. Elle en était le moteur.

Il lui arrivait de poser une étagère avec une grosse Black & Decker pendant que je changeais les enfants. Je faisais le ménage autant qu'elle, on alternait. Je nous imaginais sur un total pied d'égalité. En réalité, elle me voyait ne pas me

1. Voir Scott Peck, *Le Chemin le moins fréquenté,* Robert Laffont, 2002.
2. Voir Valérie Colin-Simard, *Nos hommes à nu, op. cit.*

réveiller le matin, descendre trois quarts d'heure après elle alors que, depuis le début de la journée, elle s'occupait des courses, des enfants, des écoles, des papiers. Moi, je donnais un petit coup de main de temps en temps et je partais travailler. Je n'avais même pas le côté rassurant du mari qui revient avec un gros chèque à la fin du mois. Un jour, elle m'a simplement dit : « Je ne peux pas en plus m'occuper d'un quatrième enfant qui serait en réalité un homme qui s'est dépossédé de ses prérogatives. » Avec elle, je m'étais infantilisé.

Si c'est sur madame que pèse la responsabilité de l'organisation de la maison, monsieur se retrouve alors dans la position qu'il occupait avec sa mère lorsqu'il était enfant. Il donne volontiers un coup de main : fait le marché, les courses ou parfois la cuisine. Le reste, il n'a aucune envie d'en entendre parler. Le soir en rentrant du travail, il ne veut rien savoir de la conduite des enfants à l'école, à la garderie ou des multiples tâches administratives ou médicales les concernant. Rien de l'entretien du linge, de l'intendance au quotidien. Comme lorsqu'il était enfant, il lui semble que la maison tourne comme par magie.

Que fait un fils lorsqu'il est grand ? Il part vivre loin de sa mère. De même, le mari ou compagnon s'éloigne au fil du temps de plus en plus du foyer. Ce qui lui permet de mieux encore fermer les yeux sur les « détails » ennuyeux de la vie quotidienne. Les statistiques montrent que, plus il y a d'enfants à la maison, moins le père est physiquement présent. Son travail devient alors ce que devrait être sa vie privée : un sas de respiration. Le processus est en marche.

Pour lui, sa femme est devenue une maman.

Faire descendre la maternité de son piédestal

Le statut de mère était le seul auquel nos aïeules pouvaient prétendre. À quelques exceptions près, l'univers domestique était l'unique périmètre à l'intérieur duquel elles pouvaient s'épanouir et se déployer. Ce n'est plus notre cas. Nous avons élargi notre territoire au monde professionnel et social. Depuis l'avènement de la pilule, nous pouvons être femmes sans pour autant être mères.

En théorie.

Comme un employé de père en fils qui viendrait d'être nommé cadre et continuerait pourtant à cumuler les deux fonctions, nous n'arrivons à renoncer à rien. Ni à lâcher du lest sur notre foyer ni à lâcher du lest sur un pouvoir social qui plus est encore à conquérir. La situation est nouvelle et nous nous sentons désorientées.

Aujourd'hui, même les femmes au foyer croulent sous la charge et ne savent pas ce qu'il est ou non légitime de demander comme aide à leur compagnon.

Françoise travaille par intermittence. Le reste du temps, elle s'occupe de la maison et de ses trois enfants. « Je travaille beaucoup moins que lui, dit-elle. Je me sens coupable de me sentir débordée et épuisée ainsi que de mes sentiments de colère que je retourne contre moi sous forme de dépression. Résultat : je n'arrive pas à savoir quelle aide il serait juste de lui demander. Je la lui demande mais d'un ton peu convaincu. Ou je ne dis rien et je fais tout moi-même. »

Le dévouement que nos mères et grands-mères affichaient pour leur mari et leurs enfants les auréolait d'un halo de quasi-sainteté. Nous avons hérité d'une vision idéalisée de la maternité et ce schéma est resté gravé dans nos mémoires. Beaucoup d'entre nous ont du mal à abandonner cette prérogative. Nous nous y accrochons.

Certaines féministes avaient rejeté la maternité en bloc sous prétexte qu'elle était pour les femmes un esclavage. D'autres l'avaient revendiquée comme seul attribut de la féminité. Deux extrêmes qui aboutissent au même déséquilibre : le rejet du féminin. Il est temps de descendre la maternité de son piédestal. Le plus difficile, comme à l'accoutumée, est de trouver le juste milieu. De manière que le féminin en nous puisse retrouver dans nos vies sa légitimité. Il est temps de redonner à la femme sa juste place.

Troisième séance avec Cécile, 28 ans. Diplômée des grandes écoles, elle a un job qui la passionne, un mari qu'elle aime et aucun problème d'argent. Elle vit au rythme des entreprises pour lesquelles elle travaille à cent à l'heure, portable greffé sur l'oreille droite. Et elle aime ça.

Elle souffre de crises de boulimie quotidiennes dont elle n'a jamais parlé à personne et ne comprend pas la cause.

J'avais employé le mot « sacrifice » à la séance précédente à propos de ses parents ; cela l'avait choquée. Pour elle, la famille, c'est sacré. Elle semble paniquée à l'idée d'écorner ne serait-ce qu'un tantinet l'image de ses parents. La fois suivante, je lui explique ma définition du sacrifice : renoncer à ce qui est secondaire au profit de ce qui pour nous est sacré. Un sacrifice se fait donc dans la joie. La voilà soulagée.

Je lui demande de me raconter à quel point ses parents sont importants pour elle. Il apparaît que ce sont deux piliers que nous comparons aux murs porteurs d'une maison. Deux modèles de comportement. Deux idéaux. Elle peut alors prendre conscience que sa mère s'est sacrifiée corps et âme pour son mari et pour ses enfants. Et qu'au passage, elle s'est oubliée.

Cécile reproduit le même schéma. Les seules disputes de son jeune couple tournent autour des tâches domestiques. Elle travaille autant que son mari et c'est elle qui, voulant bien faire, prend en charge les repas, fait le ménage et les courses. Fidèle au modèle qui lui a été transmis, elle ne sait ni prendre soin d'elle-même ni s'appuyer sur ce qu'elle ressent.

De l'avantage d'être une victime

Ne serait-ce que par mimétisme[1], nos aïeules nous ont transmis en héritage leur vision du monde et, partant, leur modèle de comportement. L'édifice patriarcal reposait sur les vieilles idées judéo-chrétiennes selon lesquelles il ne fallait surtout pas penser à soi, il fallait se dévouer aux autres, se sacrifier. Et tout spécialement si nous étions une femme. Dans ce contexte, être victime était le seul moyen d'attirer l'attention et de se sentir importante, d'avoir du pouvoir sur l'autre en le culpabilisant.

1. Voir Serge Tisseron, *Vérités et mensonges de nos émotions*, Albin Michel, 2005.

Être victime confère un sentiment de supériorité morale.

Il en est de même aujourd'hui. Quand nous pensons : « C'est la faute des hommes », « Ils sont tous les mêmes » ; quand nous voudrions qu'ils devinent nos besoins sans avoir à prendre la peine de les formuler, nous nous positionnons en victimes. Comme nos mères et nos grands-mères.

La victime est le versant noir d'un féminin non assumé. Son ombre. Au positif, elle est une femme qui assume sa vulnérabilité et demande autour d'elle du soutien sans pour autant se sentir infériorisée.

Pourquoi nos ancêtres se sacrifiaient-elles de si bon cœur ? Elles s'imaginaient grandies par leurs souffrances. Leur credo : « Plus je souffre, plus je mérite » provenait tout droit d'une vision erronée du christianisme. La croix y prend le pas sur la joie ; la Résurrection est éclipsée par la souffrance. C'est devant elle que chaque dimanche la plupart de nos aïeules se prosternaient.

Sans le savoir, nous répétons souvent les mêmes schémas de pensée. « Plus je souffre, plus je mérite » se serait-il transformé aujourd'hui en « Plus je suis fatiguée, plus je mérite » ? Nous ne connaissons que l'effort, le devoir et le travail, valeurs masculines. Dans notre vie professionnelle comme dans notre vie privée, nous fonctionnons de plus en plus dans le « culte de l'urgence[1] ». À la quête d'éternité s'est substituée la quête d'intensité. Plus nous nous sentons épui-

1. Nicole Aubert, *Le Culte de l'urgence : la société malade du temps*, Flammarion, 2004.

sées, plus nous avons le sentiment – intense – de mériter d'exister.

Mireille a 25 ans. Elle est femme de ménage. Elle vient me voir parce que son bébé pleure une bonne partie de la nuit. Elle est épuisée. Elle a fait le tour de tous les pédiatres possibles et imaginables, son enfant est en parfaite santé. Elle vient de déménager dans un appartement plus grand.

« Vous êtes contente de votre déménagement ? »

Un large sourire se dessine sur son visage :

« Ah oui alors ! »

Cette belle jeune femme à l'allure sobre et droite a un mari qui l'aime, un fils qu'elle adore, une nouvelle maison qui la ravit.

« Je n'ai aucune raison d'être malheureuse », s'exclame-t-elle avec un sourire forcé.

Comme tout va bien extérieurement, elle ne peut imaginer qu'intérieurement, il puisse en être autrement. Elle ne s'autorise ni à se plaindre ni à se reposer, encore moins à prendre soin d'elle. À aucun moment, elle ne tient compte du stress qu'occasionne un déménagement, ni de la fatigue que cause l'accouchement d'un premier enfant. Elle serre les dents.

Mon hypothèse est que son enfant, petite boule d'inconscient en fusion avec sa mère, ne fait que traduire un mal-être qu'elle n'exprime pas. Je le lui dis. Elle me révèle alors qu'elle est sous antidépresseurs depuis un an, fait deux heures de transport en commun chaque jour pour aller déposer le petit à la crèche et ne prend jamais le temps de déjeuner de manière à rentrer plus tôt à la maison s'occuper de son enfant, de son mari et de sa maison.

Mireille n'a ni le jour ni la nuit le temps de souffler.

Je lui propose, à elle, un travail avec moi. Elle accepte. Une façon de commencer à prendre du temps pour elle. Dès notre troisième séance, son enfant dort déjà mieux.

Les filets de la culpabilité

La culpabilité, c'est se croire à cent pour cent responsables de la situation que nous vivons. C'est le cas de bien des femmes. Comme Mireille, beaucoup, en plus de leur travail, prennent seules leur maison en charge. Elles ne s'en sortent pas, n'en peuvent plus, se sentent mal et... se sentent ensuite coupables d'aller mal. Elles sont épuisées, au bout du rouleau, vannées et trouvent cela normal. Normales, ce serait elles qui ne le seraient pas. Nous avons vu que dans la société patriarcale, si nous n'étions pas heureuses de notre sort, c'était notre (très grande) faute. Cela signifiait que nous étions inadéquates. Il en est souvent exactement de même aujourd'hui. Le système patriarcal ne s'appuie plus désormais sur les préceptes judéo-chrétiens. Notre nouvelle religion est devenue... le matérialisme. Nous sommes ainsi soumises aux diktats de la société de consommation selon lesquels, pour être heureuses, il suffit d'*avoir* une belle maison, d'*avoir* un compagnon ou un mari, d'*avoir* un enfant et d'*avoir* de l'argent.

Si nous ne sommes pas heureuses, il y a quelque chose qui cloche et, si quelque chose cloche, c'est nous qui n'allons pas. Comme les femmes d'autrefois, nous pensons que nous ne sommes pas à la hauteur. Nous nous dévalorisons.

Plus nous nous dévalorisons, plus nous nous sentons inutiles, et plus nous nous sentons inutiles, plus nous voulons être utiles. Nous cherchons alors à justifier notre existence par un dévouement sans faille à nos enfants, à notre famille ou à notre patron. Nous sommes épuisées. C'est le cercle vicieux.

« Qu'est-ce qui vous empêche de demander de l'aide à votre mari ? ai-je demandé à Mireille.

– J'ai peur qu'il ne refuse », me répond-elle.

Mireille fait les questions et les réponses. Elle se débrouille seule pour jongler entre son travail au quotidien, les tâches ménagères et les soins du bébé. Elle ne demande rien à personne et en retire une infinie fierté. Je le lui fais remarquer.

J'avais rencontré son mari à notre première séance, j'avais vu le regard qu'il posait sur elle et j'aurais fait le pari qu'il était prêt à se couper en quatre pour la rendre heureuse et lui faire plaisir. Lorsque, au contraire, il la voit dépressive et malheureuse, j'imagine qu'il se sent impuissant. Le pire sentiment pour un homme. Je le dis à Mireille :

« Ne rien lui demander, c'est le priver de son pouvoir et d'une partie de sa masculinité. »

Elle se rend compte qu'elle reproduit un schéma venu du passé : son père à elle lui opposait un non systématique. Son mari est différent. Du coup, Mireille s'autorise à imaginer le soutien concret dont elle aurait besoin. Nous en faisons la liste. Peut-être le soir même pourra-t-elle envisager de le lui demander. À la séance suivante, elle reviendra étonnée et soulagée. Elle lui avait enfin posé la question et son mari avait accepté de bon cœur.

L'illusion de la toute-puissance

Admettre que nous nous culpabilisons est chose aisée. Il est nettement plus difficile d'accepter que notre culpabilité masque un sentiment de toute-puissance[1]. Plutôt que de reconnaître sa vulnérabilité, de demander de l'aide et du soutien, Mireille dépassait et repoussait en permanence les frontières du possible. À coups d'antidépresseurs et autres tranquillisants. Comme elle, nous sommes souvent possédées du sentiment enivrant et bien masculin de pouvoir tout contrôler. Nous aimons la sensation de maîtrise que nous pouvons avoir sur notre foyer et parfois même sur notre mari. D'abord, cela nous procure une délicieuse sensation de puissance et de pouvoir. Ensuite, cela compense un secret sentiment d'infériorité dont beaucoup d'entre nous ont hérité.

Nous nous voulons capables de tout faire. Nous voulons tout prendre en charge, tout maîtriser. Nous avons du mal à connaître et à reconnaître nos limites. Nous nous réfugions dans un monde d'idées, parce que, dans ce monde-là, nous faisons ce que nous voulons. Nous imaginons ce que l'autre désire, nous pensons à sa place. Ainsi, nous pouvons tout

1. Yves-Alexandre Thalmann, *Au diable la culpabilité !*, Jouvence, 2005.

décider, à sa place. Tout faire, à sa place. Nous savons ce qui est bon pour lui. Et imaginons même les questions et les réponses.

C'est seulement en imagination que nous pouvons nous sentir toutes-puissantes, jamais dans la réalité. Plutôt que de s'exposer à un refus, plutôt que de prendre le risque de recevoir un non qui imposerait une limite à notre illusion de toute-puissance, nous ne demandons rien. Ou du bout des lèvres. Nous évitons de nous confronter à ce que pense ou ressent l'autre.

S'il arrive que nous lancions un ballon d'essai à l'adresse de notre compagnon, c'est sans succès. Pourquoi ? Parce que nous tenons souvent un double langage que la psychothérapeute Catherine Serrurier[1] décrit en ces termes : « D'un côté, un appel au secours : "Aide-moi, je t'en prie !" ; de l'autre, l'affirmation de sa toute-puissance : "Ne change rien, je me débrouille." » Résultat ? Néant.

Séance suivante. Mireille a demandé à son mari de se lever la nuit lorsque leur enfant pleure. Jusque-là, c'est elle qui le faisait et plusieurs fois par nuit. Elle lui a demandé s'il voulait bien prendre le relais et, à sa grande surprise, il l'a fait volontiers.

« Cela n'a pas duré longtemps ! se plaint-elle. Trois nuits et maintenant c'est à nouveau moi qui me lève !

– Que s'est-il passé ?

– C'était trop fatigant pour lui, il se lève tôt.

– Et vous, n'est-ce pas votre cas aussi ?

1. Catherine Serrurier, *Ces femmes qui en font trop*, La Martinière, 2002.

– Oui, mais moi, c'est moins grave.

– En quoi est-ce moins grave ? »

Mireille ne sait pas me répondre.

« Vous imaginez que votre compagnon est moins résistant que vous ? Qu'il est plus faible ?

– C'est possible, en effet.

– Et lui, qu'en dit-il ? S'est-il plaint ?

– Non, il a juste fait la gueule le lendemain matin parce qu'il était fatigué.

– Comme vous auparavant ! »

Mireille le reconnaît. Un silence.

J'imagine que Mireille a pris les devants, genre « N'est-ce pas, mon chéri, que c'est trop dur pour toi de te lever la nuit ? N'est-ce pas que tu préfères que je le fasse ? ». Je le lui dis.

« Est-ce que je me trompe ?

– Vous ne vous trompez pas, c'est tout à fait ça..., me confirme-t-elle dans un sourire.

– Et vous, si vous êtes sous antidépresseurs, si vous avez envie de pleurer et si vous n'êtes pas heureuse, ce n'est pas grave...

– C'est moins grave. »

J'use du seul argument qu'elle est aujourd'hui capable d'entendre :

« Si ce n'est pas grave pour vous, cela l'est peut-être pour votre enfant et votre mari. Ce dont ils ont d'abord besoin, ce n'est pas d'une parfaite femme au foyer, mais d'une femme et d'une mère heureuse, pleine de joie de vivre et bien dans sa peau. Et je serais prête à parier que, pour cela, votre mari serait prêt à encaisser pas mal de tâches désagréables. »

Mireille reste interdite, elle dit n'y avoir jamais pensé. Aux séances suivantes, elle arrive plus détendue. Un mois plus tard, son mari a pris les choses en main. Et son fils a définitivement arrêté de se réveiller durant la nuit.

Autre scénario qui a fait ses preuves : demander de l'aide à son compagnon dans le soin des enfants pour ensuite le critiquer de ne pas avoir fait assez bien. Autrement dit, aussi bien que nous. À assumer et à cumuler toutes les charges de la maison ainsi que celles de notre vie professionnelle, nous avons le sentiment d'être parfaites. Et croyons que si nous le sommes, nous serons enfin reconnues à notre juste valeur et aimées. Autre illusion.

Un exemple extrême et caricatural nous est montré dans la série télévisée Desperate Housewives. *Bree Van De Kamp tente désespérément d'être la mère parfaite et l'épouse idéale. Elle veut toujours tout contrôler. Elle fait très attention à son image et ne montre que très peu ses sentiments, d'où une allure froide. Son mari Rex n'en peut plus de vivre dans une maison parfaite avec une épouse parfaite. Il demande le divorce. C'est seulement lorsque Bree se retrouve seule qu'elle laisse ses émotions surgir. Elle explose alors en sanglots dans la salle de bain, puis se reprend très vite.*

Nous sommes donc à la tête d'une triple illusion, celle de notre toute-puissance, celle que nous sommes parfaites, et celle d'être aimées si nous le sommes. Ces trois illusions se cognent aux limites de la réalité qui, impitoyable, nous contredit sans cesse. Nous éprouvons alors un sentiment d'impuissance (puisque nous ne sommes pas toutes-puissantes), d'imperfection (puisque nous ne sommes pas parfaites) et nous ne nous sentons ni reconnues ni aimables, au sens de « susceptibles d'être aimées ». Entre ces deux extrêmes, la réalité nous semble insupportable et nous cherchons à la fuir... dans l'illusion de notre toute-puissance. La boucle est bouclée.

C'est nous qui faisons tout, déplore Fabienne. Nous mettons de l'huile dans les rouages et si nous ne le faisons pas, le couple se délite. Pour eux, les hommes, c'est comme si c'était un dû.

Le rejet de la vulnérabilité

Tel Atlas portant la Terre entière, nous faisons également porter sur nos frêles épaules l'entière responsabilité de la survie du couple. Nous nous octroyons le pouvoir de le sauver du « délitement » et cela nous rassure. Cela nous permet de garder une impression de contrôle sur notre vie conjugale.

Cette illusion de toute-puissance nous épargne d'être confrontées à notre propre impuissance. Elle nous protège de l'insécurité inhérente aux relations humaines. La réalité, c'est que nous avons bien une influence sur les autres, mais très limitée. Et c'est angoissant de s'en rendre compte[1].

Notre désir de toute-puissance cache en réalité le

1. Yves-Alexandre Thalmann, *Au diable la culpabilité !*, *op. cit.*

sentiment d'être un enfant perdu au milieu d'une réalité complexe qu'il se croit capable de démêler seul.

Ce sentiment de toute-puissance nous protège de la redoutable prise de conscience de notre vulnérabilité (que nous assimilons souvent au sentiment d'être des victimes).

Nous rêvons de la présence à nos côtés d'une figure de père idéal qui nous dirait : « Voici ce qui est juste. Toi, tu fais ça. Toi, tu fais ça… » En son absence, nous fabriquions de toutes pièces un père tout-puissant, colérique et vengeur. Tapi tout au fond de notre inconscient, ce dieu ressemble trop souvent à un personnage inhumain, castrateur et cruel, qui veut que nous nous conformions sur-le-champ à des exigences absolues et irréalisables.

Or, Dieu est aussi une femme. Il est la loi. Il est aussi l'amour. C'est seulement si nous en prenons conscience qu'à son contact, le Père tout puissant et castrateur qui habite en chacun de nous pourra s'humaniser.

Dans mon cabinet, beaucoup s'appuient sur ce qu'elles imaginent être mon autorité pour s'autoriser enfin à exprimer leur vulnérabilité et à oser demander du soutien à leur compagnon ou à leur entourage. Ma présence est porteuse d'autres valeurs : le lien, l'intériorité, l'être. Elles se construisent ainsi un autre chef intérieur dont le mot d'ordre est plus proche de la lente prise de conscience que du diktat. Sans amour ni compréhension de soi, la loi – que nous nous imposons à nous-mêmes – devient dictature.

Je croyais avoir affaire à une femme autonome, forte, explique Pierre. C'était un terrible malentendu. Elle serrait tellement les dents que je croyais qu'elle n'avait plus besoin de moi, qu'elle se passait très bien de mes petits gestes ou de mes témoignages de tendresse. Je ne mesurais plus sa vulnérabilité, son besoin d'aide ou d'affection. Et elle ne mesurait pas non plus le désarroi que cela provoquait chez moi. Un sentiment d'impuissance.

Isabelle n'a jamais tenté de communiquer avec moi, elle ne m'a jamais rien dit ni menacé de quoi que ce soit. Elle ne me demandait rien. Elle attendait que j'ouvre enfin les yeux. Pourquoi ne m'a-t-elle pas parlé plus tôt ? C'est pour moi la grande interrogation. C'est comme s'il y avait eu un manque d'humilité de sa part. Jamais elle ne m'a dit : « Pierre, si on continue comme ça, on va droit dans le mur » ou : « Pierre, j'en ai marre, je ne vais pas bien du tout ». Elle a serré les dents, elle s'est enfermée dans une logique de martyre et elle a attendu que le ressort pète.

Never explain, never complain était la devise de l'aristocratie anglaise. Autrement dit : « Souffre et tais-toi. » Par ailleurs, nous l'avons vu, nous nous sentons souvent coupables, inadéquates. Nous avons le sentiment que tout est notre faute. Nous nous en voulons. Plutôt que d'exprimer notre ressentiment, nous le ravalons. Nous nous emmurons dans le silence. Pour préserver le lien, comme Isabelle, certaines femmes – souvent au bout de longues années – décident de faire leur valise. D'autres sombrent dans une dépression consécutive au surmenage, à la dépréciation de soi et à leur ressentiment étouffé. Comme leurs mères et leurs grands-mères, elles deviennent victimes. Et, contrairement à elles, n'en sortent même pas grandies. Ou si peu.

La peur de la colère

Comment en sommes-nous arrivées là ? Flash-back. Au début de la relation, nous sommes tout feu tout flamme, amoureuses. Nous voulons que notre couple fonctionne. Résultat : nous avons peur du conflit. Peur de notre propre colère. Nous préférons rester seules à tout assumer plutôt que de mettre en danger notre lien à l'autre. Nous préférons prendre sur nous plutôt que de courir le risque d'une dispute. Sur le court terme, c'est un bon calcul. Sur le long terme, le résultat est désastreux.

D'abord sur le plan sexuel. Colère et sexualité empruntant en nous le même chemin, réprimer l'une, c'est réprimer l'autre. Impossible désormais d'éprouver du désir ; nous n'avons plus envie de faire l'amour.

L'absence de relations sexuelles avec notre compagnon renforce encore à ses yeux notre identité de mamans. Du coup, il se positionne encore davantage comme un fils et s'éloigne encore davantage. Nous continuons à encaisser, encaisser, encaisser. À l'intérieur de nous, la colère fait boule de neige, grossit, grossit encore, érige une muraille d'amertume invisible. Jusqu'à ce que, d'une manière ou d'une autre, une goutte d'eau plus ou moins grosse fasse déborder un vase rempli à ras bord depuis de nombreuses années. Les nerfs lâchent et tout sort d'un coup.

Rappelez-vous Véronique. Elle a craqué au cours d'un déjeuner devant son amie désemparée. Elle lui a raconté qu'elle avait « pété les plombs avec son mari », lui avait dit qu'« il n'y en avait que pour lui ». En sept ans, c'était la première fois qu'elle lui parlait d'elle. Elle ne l'avait pas fait depuis la naissance de sa fille.

Son mari n'a pas pu l'entendre. À force de s'être accumulée pendant sept ans, la colère de Véronique, bien légitime et compréhensible, s'est transformée en tornade. J'imagine que son mari a été obligé de se réfugier derrière une muraille de protection. Il était trop tard.

Les divorces se multiplient. En France, 150 000 par an, contre à peine 280 000 mariages. Selon une enquête de l'INSEE pour le ministère de la Justice, sur 134 000 divorces prononcés en 2004, près de 20 000 concernaient des couples mariés depuis moins de cinq ans, soit 29 % de plus qu'en 2000[1].

Non que les tâches ménagères en soient la seule raison. Quoique. Elles sont, comme l'argent et le sexe, l'exutoire et le concentré de tout ce qui peut venir entacher et polluer les liens conjugaux. Dénouer ce sujet brûlant passe par rétablir l'équilibre non seulement entre les sexes, mais surtout entre les deux pôles féminin et masculin de notre personnalité. Accepter de ne plus seulement être une mère, mais de laisser place à la femme en soi.

1. *Le Monde*, 1er mars 2007.

II.

Sept grands principes du féminin

Vers une nouvelle alliance

Oser aussi être soi

Le jour où j'ai décidé de divorcer, je n'avais plus ni travail ni argent. Je m'étais éloignée de ma famille et de la plupart de mes amis. J'avais 36 ans, un enfant à charge et, dans la bouche, un goût amer de retour d'exil. Nulle part, personne ne m'attendait. Il me fallait à nouveau faire ma place dans le monde, gagner ma vie. Après cinq ans d'absence, recommencer ma carrière à zéro.

Durant cette période, j'avais appris bien davantage de choses intéressantes pour moi que je ne l'avais fait durant toutes mes études. Sur la vie, sur ma vie. Sur mes relations aux autres. C'était l'occasion de les vérifier et de les mettre en pratique.

Première étape : m'autoriser à rêver. À réfléchir à ce que j'aimais et avec précision. Je n'avais plus envie de travailler à la télévision, mais dans la presse écrite. Et plus précisément ? J'aimais par-dessus tout les livres. Et plus précisément encore ? Les livres qui n'étaient pas des romans : la non-fiction.

Il ne me restait plus qu'à devenir critique littéraire.

C'est un peu comme si j'avais voulu être petit rat de l'Opéra. Statistiquement et dans l'absolu (valeurs masculines), je n'avais aucune chance. Les places étaient rares et j'imaginais que toutes étaient déjà prises. Tant pis. Après tout, j'avais un savoir-faire et de l'expérience en matière de journalisme. Je tenais compte des valeurs masculines, de leur rationalité. Jamais plus je ne les laisserais gouverner ma vie. Je fis le choix de donner la priorité aux valeurs féminines : à ce que j'aimais. À ma foi dans la vie.

Deuxième étape : redescendre sur terre. Tenir compte de la réalité. Et du temps. Ne pas vouloir tout, tout de suite, c'est-à-dire décrocher du jour au lendemain le gros lot de l'emploi, le job miracle. Grimper au sommet de la montagne, oui, mais en commençant par le bas. Je devins nègre dans une maison d'édition. Pour l'anecdote, j'écrivis avec lui le livre d'un homme politique devenu fort célèbre depuis.

Troisième étape : chercher du soutien autour de moi. Accepter de demander de l'aide à mon entourage, en particulier à ma mère. Dans les premières années de ma vie professionnelle, j'avais mis un point d'honneur à me débrouiller seule. Je ne voulais surtout pas de son aide. Elle me la proposait et je lui en voulais de le faire. C'était comme si elle me jetait au visage sa supériorité. Je voulais à tout prix être autonome, indépendante. Ne dépendre de personne. Je ne savais pas encore qu'il est impossible de s'en sortir seule. Que nous avons tous besoin les uns des autres. Et que ne pas accepter les chances et les possibilités que la vie nous offre c'est, au sens propre, un manque de reconnaissance. Cela s'appelle de l'ingratitude.

J'avais bien changé. J'étais désormais capable non seulement d'identifier mes besoins, mes limites, mais aussi d'éprouver, non plus de l'agacement, mais de la reconnaissance envers quiconque me tendrait la main. J'avais suffisamment confiance en moi pour non plus me sentir dévalorisée par l'aide de ma mère, pour non plus lui en vouloir, mais pour lui dire merci. Cette fois-ci, c'est moi qui suis venue frapper à sa porte. J'avais l'initiative. Cela change tout. Il n'y avait plus risque d'intrusion. Elle était à sa place, moi à la mienne. C'était dans l'ordre des choses. Je gardais ma dignité. Elle m'ouvrit son carnet d'adresses. Je pus téléphoner de sa part à des personnes de la part de qui je pus ensuite téléphoner à d'autres. De fil en aiguille, grâce à ces liens, je pus mettre le pied dans l'entreprise pour laquelle par-dessus tout à l'époque j'avais envie de travailler. Il s'agissait du journal Elle. *J'obtins un rendez-vous avec le chef du service livres. Tout naturellement, il me demanda ce que j'aimais lire. Me croirez-vous ? Il cherchait quelqu'un pour se charger… de la non-fiction. Il me commanda un papier. Puis un deuxième. Puis un troisième. J'étais sur la bonne voie.*

Quatrième étape. Je ne pouvais plus prétendre, comme à mes débuts, décrocher un contrat à durée indéterminée. Cette idée, au départ, provoquait chez moi un sentiment d'extrême insécurité. Pour tout dire, elle me paniquait. Je dus donc choisir, là aussi, de miser sur les valeurs féminines. J'appris à trouver ma sécurité non plus dans un contrat, mais dans le lien. Apprendre à le tisser, le retisser jour après jour pour que, tel un arbre, il croisse, grandisse et finisse par porter des fruits. C'était pour moi un renversement total de valeurs. Un virage à cent quatre-vingts degrés. Durant les dix premières années de ma vie professionnelle, seul le résultat de mon travail comptait. J'avais cru secondaire, accessoire, le plan relationnel. Et j'étais étonnée de stagner.

La cinquième étape est dans la continuité de la quatrième. J'étais auparavant une rebelle dans l'âme. Je rejetais en vrac toute hiérarchie et toute autorité sur moi, ou presque. Je ne faisais aucune différence entre les liens d'égal à égal avec mes pairs et les liens hiérarchiques nécessaires à la bonne marche d'une entreprise. Je ne comprenais pas pourquoi mes relations avec mes « supérieurs » devenaient souvent si tendues. Je ne voyais pas qu'en toute inconscience, je les traitais avec trop de familiarité. Je reproduisais ainsi ce que j'avais connu enfant. Pas de père, pas de repères. Relations fusionnelles avec ma mère. Je parierais que beaucoup se reconnaîtront.

Comme une enfant, je dus réapprendre le b.a.-ba des relations justes avec un supérieur hiérarchique. Quand dire merci, s'il vous plaît, quand parler, quand se taire. Proposer sans imposer. Demander sans exiger. Tenir au courant pour rassurer. Mettre un frein à ma parfois trop grande exubérance, discipliner ma spontanéité. Je pus constater les vertus de la retenue et de la discrétion. Je n'avais pas le droit à l'erreur. Je devais aussitôt rectifier le tir en temps réel. Il y allait de ma survie économique.

Quelques années plus tard, je récoltai les fruits de ce travail de fourmi. Les liens professionnels que j'avais tissés reposaient sur des bases solides, des valeurs comme la confiance, la fiabilité (valeurs féminines), aussi bien que la rentabilité et le professionnalisme (valeurs masculines). Dans l'entreprise où je travaillais désormais, je voyais l'inquiétude sévir partout autour de moi y compris parmi les salariés de longue date. Ils étaient sous pression permanente. De mon côté, je me sentais tellement en sécurité que je contractai un emprunt, j'achetai un appartement à Paris et je déménageai. Une nouvelle vie pour moi pouvait commencer.

Masculin et féminin : avoir et être

Les valeurs masculines nous disent ce que nous avons. Les valeurs féminines nous disent ce que nous sommes. Je rencontre aujourd'hui bien des femmes qui, comme moi hier, cherchent à expérimenter d'autres valeurs, plus proches d'elles-mêmes, de qui elles sont vraiment, de ce à quoi elles croient profondément. Elles constatent que la foi en la vie, la confiance, la coopération sont productrices, efficaces, rentables. Qu'être à l'écoute de ses émotions nous fournit des informations précieuses, y compris pour mener à bien une négociation d'affaires. Qu'à long terme, être attentives à nos relations aux autres est plus fructueux que les rapports de force, de pouvoir et de domination. Pour exprimer leurs valeurs masculines, agir, elles s'appuient sur leur pôle féminin. Pour être performantes, rentables, efficaces, elles développent des qualités de lien, de patience, de sagesse, de coopération et même de douceur.

Les énergies féminines sont magnétiques, attractives,

comme l'est le principe de gravitation de la Terre. Au lieu de se projeter vers l'avant, elles attirent. La présence de la femme est nécessaire pour que s'éveille le désir de l'homme. De même, notre énergie féminine est nécessaire à la croissance de notre énergie masculine. Comme un aimant, elle attire à elle des énergies masculines émettrices qui, sinon, se propulseraient sans aucune direction. Sans donner la vie.

Vers une nouvelle alliance, pour un nouvel équilibre

Le féminisme était en lutte contre l'homme ; le féminin se fera avec lui. Hommes et femmes ont à forger, à inventer une nouvelle alliance dont les prémices commencent à apparaître, souvent dans le secret des cabinets de psys. Fondée non plus sur la prédominance des valeurs masculines, pas plus sur celle des valeurs féminines, mais sur un plus juste équilibre entre ces deux facettes de notre être.

L'autre n'est souvent que le miroir de nous-mêmes et c'est en réalité en nous que nous avons à réconcilier notre femme et notre homme intérieurs, à conjuguer autrement le masculin et le féminin.

La nature nous enseigne le juste rapport entre ces deux principes. Comme les deux mouvements d'une respiration, ils sont à la fois différents et de valeur égale. L'inspiration est-elle plus importante que l'expiration ? Elles sont indissociables, en mouvement perpétuel, l'une donnant impulsion à l'autre, l'autre donnant l'impulsion à l'une... En quête permanente d'équilibre.

Si l'un des deux principes masculin ou féminin prend toute la place et domine, l'autre sommeille alors en nous et, s'il sommeille trop longtemps, peut un jour se réveiller avec une telle force que certains, voulant par exemple à tout prix être autonomes, ne dépendre de personne, peuvent tomber dans la drogue. C'est alors comme si nous marchions sur une seule jambe : nous perdons l'équilibre.

Trop de féminin et nous manquons de colonne vertébrale. Nous risquons de nous transformer en victimes. Trop de masculin et, coupées de nos sentiments, de nos émotions et de notre vulnérabilité, nous pouvons nous assécher, devenir rigides, cassantes, sans souplesse. Sans humanité et sans âme. Nous risquons de nous briser et de nous effondrer lorsque viendra l'obstacle. Comme dans la célèbre fable du Chêne et du Roseau.

C'est le cas de toutes celles qui, comme moi hier, ont survalorisé les valeurs masculines au détriment de leurs valeurs féminines. Elles considèrent par exemple leur corps comme un objet au service de leur pouvoir de séduction. Sinon, elles en ont fait abstraction. Le méprisent.

Notre femme intérieure est la partie de nous la plus précieuse et la plus vulnérable. La plus puissante aussi. Au point de pouvoir accepter de s'ouvrir, de recevoir, de parfois se soumettre et de dépendre de l'autre. En toute liberté. C'est la partie de nous capable d'aimer et d'être aimée. De désirer et de se réjouir. D'unir et de rassembler.

C'est parce que nous aurons osé la passivité, temps de repos et de gestation, que notre action ensuite pourra dans la joie déployer toute sa force. Parce que nous aurons pris le temps de la réflexion que nous pourrons agir vite et de façon efficace. Parce que nous aurons osé l'intuition que nous pourrons développer avec créativité notre raison. Parce que nous aurons osé donner de la valeur à la femme en nous que notre homme intérieur, lui aussi, sera valorisé. Parce que nous aurons osé être vulnérables que nous recevrons du soutien. Parce que nous serons attentives à nos liens que nos projets se concrétiseront.

Les principes du féminin sont innombrables : l'intériorité, la profondeur, la douceur, la lenteur, la spiritualité, la confiance, l'optimisme, le lâcher-prise, l'intuition et même, au risque de vous choquer, la soumission... J'ai choisi sept grands principes du féminin. Ce sont tout simplement ceux qu'il me semble connaître le mieux. Mon vœu est de les réhabiliter. Puissent-ils vous inspirer pour trouver, explorer et défendre les vôtres. Assumer son féminin, c'est oser être soi.

Principe n° 1

Oser aussi la passivité

Être responsable de ses désirs

Il y a un mot en arabe qui n'existe pas en français, c'est *jalasa*, qui signifie s'asseoir avec l'intention de rester quelques instants au repos, pour le simple plaisir d'être immobile. Les Orientaux ont la réputation de savoir attendre, patienter au point d'être parfois accusés de lenteur, d'attentisme, voire de fatalisme. Les Occidentaux, eux, aiment l'action, parfois même l'agitation au point d'avoir oublié les vertus de l'attente, du lent mûrissement de la vie, du lâcher-prise. Orientaux et Occidentaux symbolisent deux pôles opposés, extrêmes. Aujourd'hui, nous avons à trouver le juste milieu.

« Je suis débordée, me dit Élise en s'asseyant.

– Racontez-moi comment vous êtes débordée…

– Je fais partie de l'association de parents d'élèves, et puis il y a les réunions du collège pour mon fils, et puis je milite pour les sans-papiers.

– Vous faites de la politique ?

– Non, non, non, ce n'est pas de la politique… »

Je remarque que ses yeux se mettent à briller.

« Vous auriez envie de faire de la politique ?

– Non, non, ce n'est pas possible. Je n'ai pas le temps. »

Je me souviens du jour où elle m'avait parlé de danse, d'un autre où elle m'avait parlé de ses cours de comptabilité. Chaque fois, son visage s'animait, elle rayonnait. Je découvre que sous l'austérité et la tristesse apparentes de cette jeune femme maigre et tout habillée de noir se cache une boule de désirs.

Élise a 31 ans. Elle est mère de trois enfants. Sa propre mère, institutrice, lui a appris très tôt l'indépendance et l'autonomie. À l'âge de 10 ans, elle lavait le linge, repassait, faisait le ménage. Jamais le temps de souffler, ni de jouer. Le travail n'était jamais terminé. Il fallait être utile. Je demande à Élise d'imaginer une machine à remonter le temps. Elle est propulsée en…

« Quelle date voulez-vous ?

– J'avais 10 ans, disons en 1986.

– D'accord, disons que nous sommes le 20 octobre 1986. C'est le week-end. Vous débarquez et vous voyez la petite fille que vous étiez faire du repassage. Qu'est-ce que vous ressentez ?

– De la tristesse.

– Située où dans votre corps ?

– Là, dans le plexus. C'est comme une boule.

– Vous pouvez mettre des mots sur cette tristesse ?

– Je me sens écrasée.

– Par quoi ?

– Je ne sais pas.

– J'imagine que c'est par un lourd fardeau. »

Les larmes lui viennent aux yeux.

« Vous pouvez me dire ce qui se passe ?

– Si ce que je fais n'est pas utile, cela ne sert à rien. La joie, ça ne sert à rien. Être heureux, c'est être égoïste. C'est penser à soi. Voilà ce que j'ai appris… »

Pour elle, c'est la confusion. Elle est en train de perdre tous ses repères. Il fallait être utile. Et maintenant ? À quoi se raccrocher ?

« Ça vous intéresse de connaître un autre point de vue que celui de votre père ?

– Bien sûr !

– La joie, c'est comme une flamme, ça se transmet, ça se partage. Mais vous avez raison, ça ne sert à rien. »

Avant de partir, elle me dit que sa boule dans le plexus avait disparu.

Dès qu'elle quitte ses repères habituels, qu'elle ne se sent plus utile aux autres, Élise se sent perdue. Elle s'est tant oubliée elle-même au profit des autres qu'elle a du mal à identifier ses propres besoins, ses propres désirs, ses propres envies. Ils sont hors la loi. Il lui faut accepter de traverser un sas de confusion, le temps de se créer, d'identifier de nouveaux repères, autres que l'utilitaire.

Il est plus sécurisant d'obéir à nos devoirs et aux obligations que de prendre la responsabilité de nos désirs. Dans le premier cas, nous restons de gentilles petites filles obéissantes. Dans le second, des femmes responsables de leurs choix, c'est-à-dire prêtes à en répondre et à en assumer les conséquences. Difficile de sortir du « il faut que », de l'esclavage des obligations permanentes pour s'autoriser le libre arbitre. Nous avons peur de cette liberté, nous ne savons pas quoi en faire. Nous n'avons pas appris.

Ne rien faire, c'est prendre le risque de laisser surgir ses désirs, ses envies et ses besoins. Comme tout simplement de se reposer ou de prendre soin de soi. Prendre aussi le risque de s'apercevoir que nous ne sommes pas indispensables. Au contraire ?

Avant, me dit Danielle, 36 ans, assistante de direction, lorsque mon fils enquiquinait son père au petit déjeuner, je lui disais d'arrêter. Maintenant, je laisse faire. C'est un défi. Je prends sur moi. Je me rends compte que cela provoque finalement une rencontre entre mon fils et son père qu'auparavant j'empêchais de se produire.

Savoir se taire

Oser ne rien faire, c'est aussi arrêter d'intervenir à tout bout de champ. Ou de se croire à tout moment indispensable. C'est savoir dire stop. Apprendre à appuyer sur le bouton pause. Paradoxalement, la passivité demande une action. Avez-vous déjà pratiqué le yoga ou toute autre discipline de relaxation ? Il est nécessaire de se concentrer sur le muscle, par exemple celui de l'épaule, de prendre conscience de sa contraction et d'activement lui demander de se relâcher. Il en est de même dans nos vies. Savoir être passif demande un effort.

Autre exemple : nous ne savons pas écouter car nous ne

sommes pas conscients de l'effort (de passivité) qu'exige l'écoute. S'empêcher d'interrompre l'autre pour dire : « Moi aussi, je... » ou donner des conseils demande attention à soi-même et vigilance de tout instant. C'est un effort conscient, un acte de volonté, la décision de mettre de côté pour un temps ses préoccupations du moment. Essayer de comprendre les émotions, les sentiments et les désirs de son interlocuteur avant de lui communiquer son propre point de vue est pourtant le meilleur moyen qu'il vous écoute ensuite. Savoir être influençable est la clé pour influencer.

Mireille est en colère. Elle ne comprend pas pourquoi c'est toujours elle qui revient à la maison s'occuper de son fils lorsqu'il est malade, jamais son mari. Elle l'a appelé et il a refusé d'aller chercher l'enfant. Elle lui a raccroché au nez.

« Et le soir, vous en avez reparlé à votre mari ?

– Non, j'aurais eu trop peur de me mettre en colère.

– Vous savez pourquoi il agit ainsi ?

– Non, je ne comprends pas.

– Pouvez-vous me dire à moi ce que vous avez ressenti en allant chercher votre enfant ?

– Ma patronne m'a fait la gueule. Ça fait la sixième fois que je lui fais le coup. J'étais mal, j'étais inquiète. Je trouve injuste que ce soit toujours moi qui aille chercher mon fils.

– Vous me l'avez dit sans vous mettre en colère. Est-ce que vous vous sentez capable de dire exactement la même chose ce soir à votre mari ?

– Oui.

– Et vous sentez-vous capable de l'interroger auparavant

sur ce qui le motive à agir ainsi sans l'interrompre ni essayer d'avoir raison, mais en lui posant des questions jusqu'à ce que vous compreniez exactement ce qu'il ressent ?

– Oui, tout à fait. Je suis soulagée à l'idée de lui parler de cette manière. »

Le pouvoir de la passivité

Sortir de l'impulsivité, c'est sortir de l'enfance. Nous pouvons ainsi mettre un terme à la reproduction d'un même schéma d'une génération à l'autre. La répétition est le propre de la névrose. La conscience de soi est le propre de l'être humain. Les animaux n'ont pas cette faculté, les enfants non plus. Lorsque nous agissons sans réflexion préalable ou sans tenir compte des circonstances présentes, nous sommes des machines. Nous ne laissons plus jaillir la vie, nous en avons peur. « La névrose selon Jung est toujours un succédané d'une souffrance légitime[1]. » Nos expériences douloureuses, pour la plupart venues de l'enfance, sont si profondément ancrées qu'elles se répètent maintes et maintes fois dans nos vies, comme un disque rayé.

Si nous le souhaitons, nous avons la possibilité de prendre du recul, de résister à nos pulsions, de hiérarchiser nos priorités. Oser la passivité, c'est comprendre qu'un acte juste procède d'une réflexion juste et que réfléchir demande du temps. L'essence du bonheur ? Selon certains[2], c'est subor-

1. Carl Gustav Jung, *Psychologie et religion*, Buchet Chastel, 1994.
2. Stephen R. Covey, *Les Sept Habitudes des familles épanouies*, First, 1998.

donner nos désirs passagers à nos désirs les plus chers. Si nous le voulons, nous pouvons par exemple sacrifier le désir de nous justifier, d'avoir raison, à nos désirs profonds. Le psychiatre Scott Peck[1] raconte par exemple comment il a un soir pris conscience qu'il était en train de sacrifier ses bonnes relations avec sa fille au désir de gagner une partie d'échecs. Elle était partie en pleurant dans sa chambre.

Il fait chaud. Je me change en vitesse avant mon rendez-vous et j'enfile une jolie robe d'été que j'ai achetée la veille. Elle laisse deviner mes formes. Christophe entre, s'assoit et... se met à pleurer à gros sanglots, à cause d'un événement familial douloureux. J'ai envie de faire un mouvement vers lui et lui demande si je peux juste rapprocher mon fauteuil. Il me dit non d'un geste de la main autoritaire. Cela me surprend. Nous avons noué au fil du temps un lien de confiance. Sans comprendre, j'obtempère.

Christophe est homosexuel. Plus tard dans la séance, il me parle de son sentiment de solitude, de son immense besoin de lien et d'attention. Je lui fais remarquer qu'au moment où moi, j'ai essayé de m'approcher, il m'en a empêchée. Je lui demande ce qui s'est passé pour lui à ce moment-là.

« J'aurais pu avoir du désir pour vous, révèle-t-il à ma grande surprise.

– Vous pourriez m'en dire davantage ?

– En réalité, me dit-il avec hésitation, j'avais peur que vous ayez du désir pour moi. »

Je comprends mieux son geste. Je lui rappelle la règle d'or

1. Scott Peck, *Le Chemin le moins fréquenté*, *op. cit.*

de la psychothérapie. Il a le droit de tout exprimer par la parole et ce qui lui donne cette liberté, c'est justement que le passage à l'acte est strictement interdit. Ce serait un abus. Il se sent rassuré.

« Je me souviens, lui dis-je, que vous m'aviez parlé de relations parfois ambiguës avec votre mère… »

Il me raconte alors comment sa mère laissait souvent la porte ouverte lorsqu'elle faisait sa toilette et, même si elle protestait mollement, semblait adorer qu'il entre par surprise et la surprenne en petite tenue, voire nue.

« Vous savez, Christophe, que tous les petits garçons de même que les petites filles éprouvent des pulsions incestueuses envers le parent du sexe opposé. Il est parfaitement normal que vous ayez pu éprouver du désir sexuel pour votre mère. En revanche, il est fondamental que l'interdit posé par la mère soit clair. Sans ambiguïté. Le désir du petit garçon peut alors se diriger tout naturellement vers d'autres femmes. Je fais l'hypothèse que, chez vous, l'interdit n'étant pas suffisamment clair, ce processus a été interrompu. De plus, pour la même raison, c'est vous qui avez dû vous-même retenir vos pulsions envers la femme qu'était votre mère. Et vous continuez de le faire aujourd'hui.

– C'est la raison pour laquelle je serais homosexuel ?

– Peut-être est-ce l'une des raisons… En tout cas, il serait important que, si un jour vous éprouviez du désir envers moi, vous puissiez l'exprimer et le laisser vivre en toute sécurité. »

J'écoute alors ses fantasmes. Je suis sereine, touchée de sa confiance et de son désir pour moi. Je n'éprouve aucun désir envers lui et il le sait et il le sent. C'est ce qui lui permet de me dire qu'il rêve de me voir nue et de faire l'amour avec moi. Il termine en disant :

« Je crois qu'en fait, j'ai plutôt envie de me faire une jeune ! »

Je souris.

« Nous pouvons arrêter là la séance. »

Cet exemple montre la puissance de la passivité. Ne rien faire permet de sortir de la répétition. Dans le cas de Christophe, un mouvement de vie interrompu a pu reprendre un cours que les événements de son passé avaient entravé.

Il nous montre également la détermination qu'exige parfois la passivité. La mienne prend racine dans ma formation, dans mon expérience, dans le travail que j'ai fait sur moi depuis de longues années. La mère de Christophe péchait par ignorance, elle ne savait pas et n'avait aucun homme ni aucun principe sur lesquels s'appuyer.

Il en est de même pour nous quand nous sommes laxistes avec nos enfants et que, pour avoir la paix, nous ne résistons pas à leurs demandes. Sans la frustration, ils ne pourront diriger leur désir ailleurs que vers des bonbons, un gâteau, un jeu vidéo ou quelque autre objet de consommation. Plus tard, ils seront en permanence malheureux et insatisfaits.

Oser être passif, c'est rencontrer la démangeaison de la frustration. Chez nous, chez l'autre. Pour la surmonter, il est nécessaire de prendre conscience de la valeur de ce principe et de ses bienfaits.

En Colombie, dans les quartiers populaires de Pereira, les femmes lasses de la guerre des gangs ont décidé de refuser toute relation sexuelle à leur compagnon ou à leur mari tant qu'il ne déposerait pas les armes. C'est la grève des jambes croisées.

Le mouvement se répand comme une traînée de poudre[1]. *Du coup, les autorités ont pris le relais et promis l'impunité à ceux qui accepteraient de se désarmer. Et ça marche. Les uns après les autres, les hommes apportent à la mairie leur revolver ou leur* changon, *arme artisanale chargée de cartouches de chasse.*

Fortes de leur succès, les femmes du quartier de Pereira songent aujourd'hui à adapter sur les planches Lysistrata, *la pièce d'Aristophane où les femmes obtiennent la paix dans les cités grecques en se refusant aux guerriers.*

Oser la passivité, c'est aussi le remède magique à bien des maux (et des mots). Quand nous sommes agressées verbalement par exemple, au lieu de répliquer du tac au tac, prendre le temps d'encaisser, d'observer en silence. Choisir de ne pas répliquer, c'est renvoyer à l'autre en miroir sa propre agressivité. Cela demande patience et maîtrise de soi. À l'intérieur de nous, ça frémit, ça bouillonne, ça démange. Laisser cette énergie être, s'installer puis se dissiper est un effort considérable mais fructueux. La passivité demande de l'énergie. Elle nous donne le droit de ressentir pleinement et d'observer l'environnement avant de voir ce qui doit être fait. Marquer un temps d'arrêt entre ce qui nous arrive et notre réaction permet de retrouver notre liberté d'action. Non plus réagir automatiquement à une situation, mais y répondre.

1. Article de Michel Taille, *Libération*, 9 octobre 2006.

Élisabeth a décidé de lâcher prise avec son mari. Elle ne cherche plus à discuter ni à le faire changer. De toute façon, il prenait le contre-pied de tout ce qu'elle lui disait. « L'autre jour, me raconte-t-elle, il vitupérait contre son père, critiquant à l'extrême l'un de ses défauts. Il ne se rendait pas compte que c'était lui-même qu'il décrivait. Auparavant, je le lui aurais fait remarquer. Là, j'ai continué à donner son bain à notre fils en disant : "Oui, oui, bien sûr." Soudain, il s'est arrêté net et m'a dit : "Cela vient de me frapper comme la foudre. Je suis en train de parler de moi, n'est-ce pas ? Je fais exactement comme mon père." Je m'étais pourtant tue, je n'avais strictement rien dit et, si je le lui avais fait moi-même remarquer, il se serait braqué en trouvant plein de justifications. »

La passivité est une arme redoutable. Sans aller jusqu'à tendre l'autre joue, nous pouvons nous taire. C'est un temps de retenue. Ce délai nous rend notre liberté. Il permet de prendre son élan et d'observer l'autre. Le plus souvent, c'est la peur qui l'avait conduit à nous attaquer. Il s'était lui-même senti vulnérable et fragile.

En réalité, le principe féminin n'est pas inactif. Il exerce une action mais une action différente qui peut donner l'impression d'une non-action. L'activité masculine est plus visible. Elle n'est pas plus puissante. Il n'y a aucune supériorité de l'activité sur la passivité. Quoi de plus important par exemple que de mettre au monde un enfant ? Sa gestation se déroule dans la plus grande passivité. Il n'y a rien à faire. La passivité est créatrice.

Ne rien faire est même la condition sine qua non de la

créativité et de la création. C'est prendre le temps de laisser mûrir une situation et de se laisser pénétrer par la vie. Le prélude nécessaire au plaisir. Oser la passivité, c'est savoir attendre. La retraite de l'hiver précède l'éclosion du printemps. Ce qui est vrai dans la nature l'est également pour nous.

Lorsque mon éditeur m'a proposé d'écrire ce livre, je savais que j'avais besoin de temps, de beaucoup de temps. Et de repos. J'avais publié quatre livres en quatre ans et j'avais besoin de me ressourcer. De ne rien écrire. De me mettre en jachère. Le monde des éditeurs, lui aussi, comme les autres, a été contaminé par le virus de l'urgence. Il voulait que je rende ce livre un an plus tard. C'était hors de question. J'avais besoin de tout le temps nécessaire à la maturation d'un sujet aussi délicat. Je tins bon. Je passai deux ans et demi sans rien faire pour ce livre. Rien.

Je suis contente d'avoir su attendre, attendre, attendre. Un matin, je me suis levée et j'ai commencé à écrire. Depuis, je me lève tous les matins à cinq heures pour travailler à ce livre et je me mets au travail.

Principe n° 2

Oser aussi sa vulnérabilité

La peur de la dépendance

Séance de psychothérapie de groupe avec Claudia et André. Un homme et une femme. C'est le tour de Patricia, 32 ans, de travailler. Divorcée, elle vit seule à Dijon avec ses deux enfants. D'emblée, elle a des larmes dans la voix :

« Je fais trop. Je suis vannée. J'ai l'impression de ne pas arrêter. Je veux arrêter. Je prends sur moi tout le temps. J'aurais envie de pleurer et, en même temps, je n'y arrive pas.

– Qu'est-ce que tu ressens ? demande Claudia.

– De la tristesse, de l'épuisement.

– Comment c'est en toi, physiquement ?

– J'ai les jambes tendues, contractées.

– Cette tension que tu vis à l'intérieur, comment, moi, je pourrais la mettre en mouvement à l'extérieur ? » lui demande André.

Avec l'accord de Patricia, il s'assoit derrière elle, son thorax contre son dos, comme un soutien.

« C'est bon, dit-elle, de pouvoir être tenue et de pouvoir me relâcher.

– Quand André se tient comme ça derrière toi, peux-tu vraiment te détendre ? demande Claudia.

– Il faudrait que je puisse m'appuyer sur lui.

– C'est comme un vœu pieux, tu ne le fais pas », insiste Claudia.

Patricia enfin s'appuie davantage. Elle se met aussitôt à pleurer :

« J'ai peur de peser.

– Quand tu pèses, dit André, il y a davantage de contact entre nous.

– À l'intérieur de moi, je me débats. Je me sens bête d'avoir besoin de me laisser aller. C'est comme si j'étais ridicule.

– Tu veux bien me laisser porter cette partie-là de toi que tu trouves ridicule ? » dit Claudia.

Patricia acquiesce.

« C'est du temps de perdu ! lui lance Claudia, comme en miroir. Une vraie femme n'a pas besoin des autres ! Elle doit être indépendante, autonome !

– Stop ! répond Patricia. Je n'en peux plus.

– Laisse ton corps dire stop », demande Claudia.

André fait remarquer que quelque chose de plus féminin, de plus doux, apparaît chez elle.

« Tu as besoin de pouvoir t'appuyer sur quelqu'un, conclut Claudia. C'est seulement à cette condition que tu pourras te détendre, en retrouvant le contact avec l'environnement. Tu as besoin d'une pression humaine et bienveillante. »

Comme Patricia, beaucoup d'entre nous sont si terrorisées à l'idée de dépendre d'un homme, compagnon ou mari, qu'elles veulent à tout prix se débrouiller seules, ne rien demander à personne, pas même à leurs proches. Surtout pas à leurs proches. Par volonté d'être autonomes et indépendantes, désir de bien faire, peur de l'abandon et parfois par orgueil, nous voulons tout prendre en charge, tout faire nous-mêmes, tout contrôler, tout prendre en main. Nous nous croyons obligées de jouer tous les rôles, d'être notre propre soutien. Nous mettons un point d'honneur à nous en sortir seules. Et nous ployons sous le fardeau sans rien dire. Motus. En bon petit soldat, nous continuons d'avancer et de courir, comme des entités isolées du monde, comme des hamsters tournant en rond dans leur cylindre.

Dans ce contexte, nous avons peur de notre sensibilité, de notre capacité à communier, à nous abandonner, « à faire l'amour avec l'univers entier », pour reprendre l'expression d'Arnaud Desjardins. Nous nous coupons de notre vie émotionnelle profonde pour accorder de l'importance au seul intellect. Nombreuses sont celles d'entre nous qui ne s'autorisent plus à exprimer leurs émotions et leurs besoins, assimilés à de la pure faiblesse et, à ce titre, méprisables. La vulnérabilité est aujourd'hui considérée comme une tare. Philippe Jeammet est le grand spécialiste des adolescents en France. Ce qu'il dit sur eux est également vrai pour nous :

Plus vous vous sentez en insécurité intérieurement, plus vous avez une mauvaise image de vous, des doutes, plus vous avez besoin de vous rassurer extérieurement. Par une maîtrise extérieure de ce que vous ne maîtrisez pas à l'intérieur. Ce besoin de se prouver sa maîtrise va, chez les adolescents les plus vulnérables, devenir tout à fait manifeste dans le vandalisme. Il est en effet plus facile de se montrer fort dans la destruction que dans la construction. La destructivité est une pente plus facile que la créativité.

Crises de boulimie, dépenses compulsives, drogues, cigarettes ou autres dépendances affectives : autant d'exutoires à une fragilité intérieure inavouée. Comme elle n'est pas nommée, admise, reconnue, nous ne pouvons rien faire pour elle. Nous ne savons même plus comment chercher aide et appui dans notre environnement. Auprès de nos hommes, de nos amis, de nos voisins, de nos collègues, de nos patrons ou de notre famille.

Nous leur disons : « J'en ai marre » ou : « Je suis fatiguée ». Nous nous contentons de râler, de fulminer, de ressasser sans rien leur demander. Ou alors nous tombons dans l'extrême inverse : même si c'est dit gentiment, nous exigeons et donnons des ordres. Dans les deux cas, résultat : néant.

En fait, nous nous comportons comme des bébés qui crient, boudent, grommellent ou ronchonnent en attendant que leur maman devine ce qu'ils veulent. Nous accumulons rancœur, ressentiment, colère et nous attendons que ces émotions nous débordent pour les exprimer. Comme une cocotte-minute qui n'aurait pas eu de soupape pour libérer sa vapeur, un jour nous explosons. Et nous nous étonnons ensuite de ne pas être entendues. Déçues et vexées de ne rien avoir obtenu, nous nous enfermons dans le silence. Nous n'osons pas tout simplement, au fur et à mesure de la vie, nous montrer vulnérables, dire : « Je ne sais pas » ou :

« Je ne peux pas », « Je n'en peux plus » ou tout simplement : « Non ».

Le mari d'Élisabeth a choisi d'être fonctionnaire pour travailler moins. Elle travaille donc bien davantage que lui. C'est elle qui pourtant s'occupe chaque jour, en plus, du bon fonctionnement de la maison. Elle « gère ». Élisabeth se souvient de s'être souvent dit par le passé : « Si au moins j'étais malade, mon mari m'aiderait et s'occuperait de moi. » Depuis, elle a développé un cancer du sein (maintenant guéri).

« Comme si, à travers sa maladie, votre sein disait à votre mari : "Occupe-toi de moi ! Je suis vulnérable" ? »

Élisabeth acquiesce sans mot dire. Elle a les larmes aux yeux.

Reconnaître ses limites pour sortir de la toute-puissance

Lorsque des cellules étudiées en culture commencent à faiblir, explique un célèbre scientifique[1], il faut tout d'abord en chercher la cause dans l'environnement. Non dans la cellule elle-même. Comme nos propres cellules, nous sommes tous et toutes dépendants de notre environnement et nous faisons comme si ce n'était pas le cas.

Nous faudra-t-il attendre la maladie ou le désastre pour que nous arrivions à faire preuve d'humilité et d'humanité ?

1. Irv Konigsberg, un des premiers biologistes à maîtriser l'art du clonage des cellules souches, cité par Bruce H. Lipton in *Biologie des croyances*, Ariane, 2006.

Pour que nous reconnaissions notre vulnérabilité et osions demander de l'aide à notre entourage ? C'est pourtant cette solidarité mutuelle qui fait la chaleur d'un groupe ou d'une société. C'est bon pour les autres et c'est bon pour nous car c'est ainsi que nous créons des liens avec notre entourage. Ce sont ces liens qui font circuler la vie et nous renforcent. Dire ses besoins, ses sentiments, c'est se donner la possibilité de nouer des relations authentiques et nourrissantes avec son environnement.

Reconnaître ses limites, c'est sortir de la toute-puissance. Se connecter à la réalité, la voir telle qu'elle est, cela nous donne de la force. Nous pouvons nous appuyer sur notre vulnérabilité. Chercher appui et soutien autour de nous et savoir que c'est légitime.

Élise n'en peut plus de son fils de 22 mois qu'elle allaite chaque nuit dans le lit conjugal et qui, ensuite, l'empêche de dormir. Jusqu'à présent, elle tient bon en serrant les dents. À la suite de notre séance, elle a enfin pu demander à son mari du soutien. Il s'est montré ravi de cette occasion de l'aider. Il a même construit un petit lit à part dans un coin de la chambre, protégé par un rideau pour que leur bébé puisse se sentir proche d'eux sans déranger sa maman. Élise est heureuse et stupéfaite. Elle n'avait jamais compté auparavant que sur ses seules forces, elle n'avait jamais rien demandé à son mari. Elle se débrouillait seule. Comme si elle l'était.

Beaucoup de femmes divorcées considèrent qu'elles élèvent seules leur enfant. Dans ce cas, s'appuyer sur sa vulnérabilité, c'est accepter de ne pas être seule responsable du bonheur de son enfant, juste de pouvoir y contribuer. À égalité avec le père. À égalité avec la vie.

La nature ayant horreur du vide, si nous arrêtons de nous croire si indispensables et essentielles, si nous reprenons notre juste place auprès de l'enfant, le père reprendra tout naturellement la sienne. Et, s'il n'est pas là, ce seront des parents de substitution sous la forme d'amis, d'associations ou d'institutions. Nous, au passage, nous pourrons respirer. Et nos enfants aussi.

J'étais divorcée depuis plus de dix ans, me raconte Marie. Mon fils Adrien en avait 6. Un garçon de sa classe l'agressait à chaque récréation. Je ne savais pas quoi faire, me sentais impuissante. Devais-je aller voir le directeur, casser la gueule à ce garçon, que sais-je encore ? Une amie m'a dit : « C'est une affaire d'hommes. » Elle m'a suggéré de dire à mon fils d'en parler à son père. Si habituée à me débrouiller seule, je n'y avais même pas pensé.

J'ai dit à Adrien : « C'est un problème d'hommes. Je suis une femme, je ne peux pas le résoudre. Je ne sais pas comment on fait. Si tu veux le résoudre, il n'y a qu'avec ton père que tu peux le faire. » Cette simple phrase a eu sur mon fils un effet quasi immédiat. C'est comme s'il avait pu se réapproprier sa force. En quelques jours, le problème était réglé. Et il n'a même pas eu besoin d'en parler à son père.

Beaucoup d'entre nous se croient encore obligées d'entretenir une image d'elles-mêmes héroïque et forte. Dans notre vie professionnelle comme dans notre vie privée, nous sommes aujourd'hui plus souvent encore que les hommes dans le déni de notre vulnérabilité.

Nous nous laissons guider par la peur (du licenciement ou d'être mal vues...). Lorsque nous dissimulons notre ressenti, nous nions notre humanité. Comment s'étonner que notre interlocuteur, collègue ou patron, en fasse alors autant ?

C'est lorsque nous essayons de nier, de renier, de refouler des émotions pourtant légitimes que nous devenons fragiles. Lorsque nous ne disons pas : « Je ne peux pas », « Je ne sais pas » ou : « J'ai atteint mes limites ». C'est en cherchant à cacher ou à nous cacher notre vulnérabilité que nous devenons en puissance des victimes.

Dans son livre *King Kong théorie*[1], Virginie Despentes raconte avoir eu envie d'une vie d'homme et avoir eu une vie d'homme. « Tout ce que j'aime de ma vie, écrit-elle, tout ce qui m'a sauvée, je le dois à ma virilité. » Et pourtant. À 17 ans, elle revient de Londres en stop. En pleine nuit à Paris, elle traîne sur le parking d'une station-service, quelque part sur le périphérique. Elle se fait violer. Et ne comprend pas aujourd'hui pourquoi elle ne s'est pas servie du cran d'arrêt qu'elle avait dans sa poche. S'il s'était agi de lui voler son blouson, sa réaction aurait, dit-elle, été différente. « C'est le projet du viol, explique-t-elle, qui refaisait de moi une femme, quelqu'un d'essentiellement vulnérable. »

Virginie Despentes met sa réaction sur le compte de la société et de l'éducation qu'elle lui a inculquée : les petites

1. Virginie Despentes, *King Kong théorie*, Grasset, 2006.

filles sont dressées pour ne jamais faire de mal aux hommes, et les femmes rappelées à l'ordre chaque fois qu'elles dérogent à la règle. Pour juste qu'elle puisse être, cette explication me semble incomplète, partielle.

Que Virginie Despentes me pardonne, ce que je vais dire ne remet pas en cause la culpabilité de ses agresseurs. Ils ont commis un crime. Quant à elle, elle a également sa part de responsabilité. Laquelle ? De n'avoir pas tenu compte de sa propre vulnérabilité. D'avoir fait, selon sa propre expression, « comme si je n'étais pas une fille ». D'avoir volontairement fait semblant, elle le dit et le répète, d'être un homme. Faire du stop sur un parking en pleine nuit, c'est nier sa réalité de femme, ne pas tenir compte de sa vulnérabilité physique. De sa féminité.

Psychiquement, nous sommes tous homme et femme à la fois. Physiquement, non. C'est une réalité et, comme pour toute réalité, la nier nous fragilise. En prendre conscience, paradoxalement, nous rend plus forts. C'est un fait, le corps de la femme est vulnérable. De par sa configuration, il porte les stigmates de cette ouverture à l'autre qui peut aussi bien conduire à une souffrance infinie qu'à une jouissance infinie.

Le corps de la femme est pour l'homme comme le miroir extérieur de sa capacité d'ouverture à l'autre, de sa propre vulnérabilité. De son humanité. Le corps de l'homme est pour la femme comme le miroir extérieur de sa force, de sa capacité d'expression, de pénétration et parfois de sa violence.

Oser s'appuyer sur notre vulnérabilité

Nous sommes tous à la fois puissants et vulnérables. La fragilité, la faiblesse sont des caractéristiques de l'être humain tout autant que le courage ou la grandeur. C'est seulement si nous sommes conscients à la fois de notre puissance et de notre fragilité que nous pouvons agir de façon juste. Sans occulter une moitié de soi.

Dans la sécurité et la confiance de mon cabinet, Hervé me dit: «J'ai peur»; Jasmine: «Je me sens seule» et Claude: «Je suis terrorisé». Ils découvrent à quel point cela leur fait du bien de l'exprimer, à quel point cela leur donne de la force. Ils se sentent alors en accord avec eux-mêmes, cohérents. Puissants. Oser montrer sa vulnérabilité, c'est prendre conscience de sa puissance. Lorsque nous annonçons: «Je suis vulnérable», il ne peut rien nous arriver.

Mon cabinet se situe au rez-de-chaussée et une vieille femme à qui j'avais un jour eu le malheur de donner de l'argent vient maintenant régulièrement cogner sans vergogne à ma fenêtre pour mendier davantage. C'est arrivé l'autre jour pendant une séance et je me suis sentie affreusement gênée vis-à-vis de ma patiente. J'avais envie d'être à dix pieds sous terre. J'ai décidé d'accueillir ma fragilité et de l'exprimer. J'ai dit à ma patiente: «Je suis affreusement gênée.» La gêne s'est instantanément dissipée.

L'esprit redevenu libre, j'ai même pu ensuite intégrer l'événement à notre séance. Cette patiente avait en effet elle-même beaucoup de mal à dire non aux sollicitations de ses huit frères et sœurs plus défavorisés qui venaient régulièrement lui mendier de l'argent.

Oser s'appuyer sur sa vulnérabilité, c'est s'appuyer sans crainte sur ce que nous ressentons. Et pas seulement sur notre raison. C'est grâce à notre vulnérabilité que nous pouvons nous ouvrir à l'autre et à nous-mêmes. À nos émotions. Nous devenons alors capables de sentir et de ressentir, de communier, de partager… « Quand on prend conscience de ses propres fragilités, dit le psychanalyste Willy Barral, on devient conscient des fragilités de l'autre et de son humanité. »

Accueillir sa propre vulnérabilité, c'est être capable de prendre en compte celle des autres, de la reconnaître et de l'accueillir sans la juger. Notre vulnérabilité nous rend capables d'empathie et cette empathie « permet aux êtres humains de se soucier de leur responsabilité les uns vis-à-vis des autres[1] ».

Autre exemple. Je n'avais jamais animé de groupe. L'École parisienne de Gestalt me demanda de le faire à l'occasion d'un rassemblement annuel. J'étais morte de trac. Je décidai de le montrer. J'ai commencé la séance en disant au groupe : « Je suis très émue et je crève de peur car c'est la première fois que j'anime un groupe. J'ai besoin de votre soutien… » Du coup, à la fin de la session, tout le monde m'a applaudie.

---

1. Sturla Stalsett, théologien norvégien, dans un pamphlet intitulé *Trust in the market? Social capital and the ethics of vulnerability*, Univ. of Oslo, 11 mars 2003.

S'appuyer sur sa vulnérabilité, c'est être capable d'autorité. C'est seulement si l'on se sait soi-même vulnérable que l'on devient apte au pouvoir. Au lieu de l'exercer *sur* les autres, nous l'exerçons *avec* les autres. La castration se transforme en coopération.

« Un homme appuie sa puissance sur son féminin, affirme Daniel Grosjean, coach d'entreprise. Son autorité repose sur sa vulnérabilité. Si j'essaye d'être macho autoritaire, je suis un personnage de carton-pâte, un tigre de papier. » C'est également le cas pour les femmes. Sur ce plan, elles sont à égalité.

Certaines agissent avec leurs subordonnés comme un père autoritaire et tyrannique le ferait avec ses filles. Celui-ci leur explique, en termes souvent techniques, ce qu'elles doivent apprendre, dire ou ne pas dire, faire ou ne pas faire, qui elles doivent rencontrer, qui elles ne doivent pas fréquenter[1]. Leurs filles sont alors tiraillées entre, d'une part, un mouvement de colère, de rébellion contre ce qu'elles considèrent comme des diktats et, de l'autre, la crainte de ne plus être aimées. Résultat : la paralysie.

Lydia donnait des ordres à ses employés et s'étonnait que, quinze jours plus tard, ils n'aient pas été exécutés. Elle apprend à dire : « Je suis inquiète pour la survie de l'entreprise, je n'en ai pas dormi de la nuit. J'aurais besoin de votre aide et que vous vous occupiez de ce dossier. » À son grand étonnement, ses employés obtempèrent sur-le-champ.

1. Alain Braconnier, *Les Filles et les Pères*, Odile Jacob, 2007.

Notre vulnérabilité, nos émotions, nos besoins, nos limites, ce sont nos valeurs féminines. Elles sont une protection parfaite. S'appuyer sur elles, c'est laisser émerger notre puissance intérieure. Être soi-même est sûr.

Principe n° 3

Oser aussi être une femme, sans être une mère

Quand la mère tue l'épouse

Véronique a 36 ans, deux enfants en bas âge et une vie professionnelle bien remplie. Son mari travaille de plus en plus, rentre tard le soir, quand les enfants sont déjà au lit, et, de surcroît passe souvent ses samedis en stage de développement personnel.

Chaque fois qu'elle évoque son manque d'investissement dans la famille, il lui répond qu'ils peuvent « prendre quelqu'un » pour la seconder. Mais elle a simplement envie qu'il soit plus là et, surtout, qu'il ait de la reconnaissance pour « tout ce qu'elle fait à la maison et pour tout le monde ».

Elle va jusqu'à acheter tous les cadeaux de Noël pour la famille de son mari. Lorsqu'elle le lui souligne, il lui répond que, de toute façon, ce n'est pas une corvée pour elle puisqu'elle adore faire les magasins. Ils se disputent sans cesse. Elle envisage de divorcer.

Elle s'était plainte une première fois à une amie commune. Après m'en avoir parlé, celle-ci lui rapporte mes propos. Elle lui dit que peut-être « le besoin de son mari n'est pas qu'elle soit une parfaite mère de famille mais d'être heureux ensemble sexuellement». Véronique en a le souffle coupé. Elle part d'un immense éclat de rire, éprouve comme un sentiment de libération. Pour finalement conclure qu'elle n'y avait jamais pensé, et que c'était sans doute vrai.

Véronique s'identifiait à la mère. Seulement à la mère. La mère en elle prenait toute la place. Il n'y en avait pas pour la femme. Comme elle, bien des femmes considèrent leur mari comme un enfant. À force d'être traité ainsi, il se comporte comme tel et cherche sa vie ailleurs.

Le mari de Gabrielle a proposé de rester à la maison s'occuper des enfants. Gabrielle continuerait à travailler. Elle a refusé. Pourquoi? «Je n'ai pas le même regard sur un homme au foyer et sur un homme qui travaille, dit-elle. "Ça" ne devient plus qu'un père, ce n'est plus un homme. Il n'y a plus de désir. Il n'y a plus d'excitation.»

Même s'ils trouvent souvent la situation si confortable qu'ils l'avoueront avec difficulté, il en est exactement de même pour les hommes. Ils n'ont souvent plus de désir pour une femme qui s'identifie trop à son rôle de mère. Pour paraphraser l'expression de Gabrielle, pour eux, «elle n'est plus une femme». Nous sommes souvent si conditionnées à nous comporter comme des mères que nous n'attendons même pas d'avoir des enfants pour le faire.

Marie est une belle jeune femme de 24 ans. Elle est étudiante et me parle de son amoureux:

« Je suis pour lui un danger.

– Oui, c'est fort possible. Et alors ? »

Elle me regarde, interloquée :

« Mais il va souffrir à cause de moi…

– Oui, et alors ? C'est comme si vous l'imaginiez faible et sans défense, comme un petit garçon.

– Oui, c'est tout à fait vrai. »

Un silence. Elle reprend :

« Je me rends compte que je me sens bien quand l'autre va mal et que je peux le sauver. Toutes mes relations se sont construites sur ce mode. Comme si j'étais la Grande Mère universelle.

– On dirait que la mère chez vous prend toute la place. La femme n'en a pas. »

C'est comme si elle avait reçu un coup de poing dans l'estomac. Marie se met à pleurer à chaudes larmes. Quelques minutes plus tard elle me dit :

« C'est tellement vrai ! D'ailleurs je me rends compte que, quand je rencontre un homme, je cherche uniquement le futur père de mes enfants. Il n'y a pas de place pour la relation. »

Hier, être mère, c'était porter une auréole autour de la tête. Nous étions sanctifiées d'office. Cette auréole date d'un temps où les hommes croyaient les femmes seules capables de générer la vie. Elle est aujourd'hui le vestige d'un passé révolu.

Et pourtant. Nous faisons comme au temps jadis, lorsque nous ne savions pas que les hommes aussi étaient partie prenante dans la naissance de l'enfant et que nous nous en croyions seules responsables. Cette auréole, nous continuons de la réclamer. Comme Véronique, nous exigeons de la reconnaissance pour nos vertus de mères de famille. Nous nous accrochons à nos prérogatives. Comme si elles étaient sacrées.

Désacraliser la maternité

Oser désacraliser la maternité, c'est descendre la mère en nous de son piédestal et donner ainsi enfin une chance à la femme en soi d'exister. Retrouver sa puissance, sa capacité de jouir de la vie et d'aimer. Pour bien des femmes, il s'agit d'une nouvelle naissance. Et ce n'est pas si simple. Comme une petite graine qui cherche à sortir de terre pour s'épanouir au grand jour, la femme en nous se heurte à bien des obstacles. Gabrielle a 40 ans. Elle est avocate, elle est associée de son cabinet et enceinte...

> *Il y a trois mois, j'étais en réunion avec mon associé, ainsi qu'avec un autre avocat, associé d'un grand cabinet, homme politique socialiste. Celui-ci me dit :*
> *« Ah, vous êtes enceinte, c'est merveilleux. Et qu'est-ce que vous allez faire après ?*
> *– Comment ça, qu'est-ce que je vais faire après ?*
> *– Eh bien, oui, vous allez vous occuper de vos enfants ?*
> *– Vous savez, j'en ai déjà deux, et je travaille.*
> *– Mais les femmes doivent s'occuper des enfants, c'est beaucoup mieux pour les enfants et pour la mère. »*
> *Je lui ai répondu :*

« Je vous remercie beaucoup de partager votre expérience avec moi, mais je ne vais pas la suivre. »

Ce type, avec son air angélique, avec son « C'est merveilleux d'être maman » me disait : « Qu'est-ce que vous foutez là ? » Et mon associé d'ajouter : « Oui, c'est ce dont nous essayons de la convaincre. »

Je me suis sentie indignée et déchirée.

L'autre est souvent le miroir de nous-mêmes. De son propre aveu, Gabrielle est tiraillée. Une partie d'elle-même clame haut et fort qu'elle peut à la fois travailler et avoir trois enfants, une autre se reproche de ne pas s'en occuper assez. L'une est consciente, l'autre est inconsciente. Cette dernière lui est renvoyée de l'extérieur comme un boomerang. D'ailleurs, si elle n'était pas le reflet d'une part d'elle-même, la remarque de cet homme ne l'aurait pas affectée. Gabrielle, si elle veut résoudre cette contradiction, devra prendre conscience de *cet autre côté d'elle-même qui souhaiterait se consacrer à sa maternité*. Si elle la fait apparaître au grand jour, elle pourra ensuite l'apprivoiser. La relativiser.

Désacraliser la maternité est un processus. Parfois long, parfois même douloureux car il réveille en nous des blessures enfouies. La première étape est la plus difficile. Elle exige d'avoir réglé ses comptes avec sa propre mère. *Savons-nous que, tout comme les hommes, nous avons à nous en libérer ?* Pour nous, femmes, c'est plus long, plus compliqué. Contrairement au petit garçon qui se définit en s'opposant à sa mère, nous nous sommes identifiées à elle. Souvent, nous reproduisons trait pour trait ses comportements. Parfois bien malgré nous. Parfois en voulant faire l'inverse.

Nous individualiser est un chemin aride, ardu, souvent pénible. Plutôt que de le suivre, certaines préfèrent le fuir. L'intellect est un excellent moyen d'éviter cet affrontement qui nécessite d'aller chercher au fond de soi ses valeurs profondes, de s'appuyer sur sa force intérieure. Pour traverser la solitude, l'isolement, la culpabilité, l'hostilité d'autrui.

Désacraliser sa propre mère, c'est sortir de la chaleur et de la sécurité de son ventre une deuxième fois. Défusionner. Trouver son individualité. Si les mythes sont les représentations imagées de nos sentiments, nous devons affronter la mère serpent, comme le faisait chaque nuit le dieu égyptien Osiris en descendant dans le monde souterrain. Notre lutte pour nous libérer de l'emprise maternelle s'apparente au combat contre le dragon. D'ailleurs, à ce stade, nous la voyons souvent comme un dragon.

Désacraliser sa propre mère

Devenir femme, c'est oser sa différence, et oser sa différence, c'est accepter de déplaire. Et d'abord à sa mère. Le moment où la fille accède à sa sexualité est aussi celui où la mère glisse vers le vieillissement. Comment imaginer que l'accès tout neuf de sa fille au plaisir et à la joie ne soit pas pour elle source de jalousie ? Un conte comme *Blanche-Neige* nous décrit la réalité psychique du phénomène. Nous sommes Blanche-Neige obligée de se cacher de l'odieuse marâtre pour laisser éclore et s'épanouir sa joie et sa beauté.

Nous sommes également notre propre marâtre, prête à assassiner et à enfermer dans un cercueil de verre tous nos élans de vie.

Nous connaissons tous et toutes ce sentiment d'être écartelés entre nos besoins d'être aimés, d'être conformes, et celui d'être fidèles à nos valeurs profondes. Beaucoup ne dépassent pas ce seuil.

Si nous refusons d'affronter ce processus avec notre propre mère, nous le rencontrons souvent à l'extérieur de nous. Comme en miroir de notre culpabilité, l'expression de notre individualité suscite souvent concrètement dans nos vies une véritable hostilité de la part de tous ceux qui, de près ou de loin, peuvent personnifier notre propre mère. Non seulement les femmes de notre entourage, mais aussi nos pairs ou même notre entreprise qui joue souvent pour nous le rôle de « grande mère ».

Accepter de déplaire

Oser sa différence, c'est parfois accepter également de déplaire à ses collègues de travail. S'appuyant sur des années d'enquêtes et d'expériences de l'entreprise, deux consultantes en management américaines[1] jettent un pavé dans la mare féministe. Au travail, les femmes se montrent solidaires… à condition que pas une tête ne dépasse. Si l'une d'elles obtient une promotion, elles lui mettent des bâtons dans les roues, vont parfois jusqu'à saboter son travail.

1. Pat Heim, Susan Murphy, *La femme est un loup pour la femme*, Payot, 2004.

Pourquoi ? Parce que, au niveau instinctif, dans le monde des femmes, il n'y a pas de hiérarchie. Toutes doivent donc rester au même niveau. Ce comportement est si fréquent que, pour éviter ce type de conflits, beaucoup de femmes choisissent de cacher leurs talents.

Le constat est juste, à une nuance près. Certes, cette animosité bien réelle est la part d'ombre du principe féminin. En revanche, elle n'est pas l'apanage des femmes. Si les hommes sont en train de retrouver leur pôle féminin, c'est pour le meilleur, mais aussi pour le pire.

Jeanne est enseignante. Elle fait partie d'un groupe de réflexion de trois personnes. La semaine dernière, à la demande du directeur de son établissement, elle a parlé en public. Son intervention a été applaudie. Du coup, le directeur lui a confié une autre mission, plus prestigieuse encore. Ses collègues – deux hommes – le lui ont vertement reproché. Ils l'ont accusée d'individualisme. Quand elle leur a demandé si, selon eux, elle aurait dû refuser cette proposition, ils n'ont pas su quoi répondre. Jeanne doit maintenant choisir : poursuivre sa progression professionnelle ou continuer d'être appréciée par ses collègues.

Devenir femme engendre de la culpabilité. Comment la traverser ? Le mot vient d'une racine anglo-saxonne qui signifie « dette ». Tout acte d'individualité éveille en nous l'impression profonde de ne pas honorer une dette envers notre mère, notre famille et la société. Il nous en sépare.

Même si la plupart des femmes tiennent bon les rênes de leur travail, elles sont de plus en plus nombreuses à se sentir insatisfaites, mal à l'aise, en souffrance, sans trop comprendre pourquoi. Elles sont souvent en guerre avec elles-mêmes. D'un côté, elles veulent suivre le chemin entamé par leur mère féministe, veulent se montrer à la hauteur et serrent les dents ; de l'autre, elles se sentent prisonnières d'un carcan intérieur qui étouffe leur féminité. C'est pour tenter de s'en libérer que certaines – au contraire de leur mère féministe – prennent le parti radical de rentrer à la maison. Elles font ainsi paradoxalement acte d'indépendance. Apparemment, cela ne suffit pas.

Élise a 31 ans et trois enfants. Elle a choisi d'être femme au foyer. Sa mère est féministe dans l'âme. À peine arrivée, elle me dit que c'est chaque fois une épreuve pour elle de venir me voir. Nous en découvrons la raison. Sa mère serait si déçue ! Pour elle, ce sont les fous qui vont chez les « psys ».

Sa mère a donné à sa fille pour seuls viatiques l'indépendance financière et la réussite professionnelle. Son credo : « Ne pas s'écouter. » Quand Élise était enfant, sa mère passait ses week-ends entiers dans son bureau sans s'occuper d'elle.

Élise reproduit aujourd'hui avec elle-même un schéma identique. Elle n'accorde aucune attention ni à ce qu'elle vit ni à ce qu'elle ressent. C'est comme une petite voix qui viendrait la hanter en permanence pour l'empêcher de vivre sa vie.

Je lui demande d'incarner cette petite voix et de la mettre en scène. Je joue le rôle d'Élise et Élise celui de sa mère :

« C'était bien la peine, me dit-elle, que je me batte autant pour être indépendante, que je me donne tant de mal. Je le faisais pour toi et pour les générations suivantes. Quelque part, je me suis sacrifiée. Et maintenant, voilà le résultat ! »

Une réponse me vient spontanément ; je m'y essaye :

« Tu sais, maman, je suis bien consciente du mal que tu t'es donné et du fond du cœur je t'en remercie. C'est grâce à toi que j'ai pu faire le choix aujourd'hui d'être mère au foyer. Autrefois, j'y aurais été obligée. Toi et toutes les femmes de ta génération, vous nous avez ouvert le chemin de la liberté. Aujourd'hui, je suis entièrement libre de décider de ma vie et c'est grâce à ce que tu as fait pour moi. »

Élise a les larmes aux yeux. Je laisse passer un temps. Puis je demande :

« Qu'est-ce que vous ressentez quand je vous dis ça ?

– De la gratitude. Je me sens apaisée. »

Remercier quelqu'un, c'est le congédier[1]. En la remerciant, Élise se libère de sa mère. Devenir femme, c'est, comme elle, sortir des tentacules de la pieuvre de la culpabilité et de l'indifférenciation, et faire ainsi de la place à une part de soi capable de plus de liberté, de plus de joie.

C'est en effet du féminin qui se trouve en nous que naît le désir, préalable indispensable au plaisir.

1. Arouna Lipschitz, *La Voie de l'amoureux*, Robert Laffont, 2005.

Accepter le désir et le plaisir

Estelle, 28 ans, me raconte que l'une de ses meilleures amies a passé la nuit avec un GO du Club Méditerranée et qu'elle n'a jamais passé une nuit aussi érotique et merveilleuse de sa vie. Elle savait qu'elle n'allait jamais le revoir et ne se préoccupait donc aucunement de ce qu'il allait penser d'elle. Estelle l'envie. Elle n'arrive pas à éprouver de plaisir avec un homme.

Parce qu'elle n'a pas de désir. Pour l'instant, elle est encore collée au désir de la mère et de sa famille tout entière. Tout se passe comme si Estelle vouait un culte à Héra, épouse de Zeus, déesse mère qui règne sur les foyers. Elle cherche la fusion, la sécurité, les liens du mariage et des attaches familiales dont sa meilleure amie, ce soir-là, n'a que faire. Cette dernière vouerait plutôt un culte à Aphrodite, qui cherche à satisfaire son goût pour la beauté, la joie, le plaisir des cinq sens.

La danse orientale était à l'origine une danse spirituelle vouée à Ishtar, autre nom pour la déesse de l'amour. Elle n'avait donc pas pour but de plaire à un homme. Au contraire. Elle mettait en scène une femme seule, sans partenaire. En contact avec son intériorité. Elle se reliait ainsi directement au divin sans passer par le filtre d'un homme, de sa famille ou de sa tribu et affirmait de la sorte son droit souverain à un plaisir intime et personnel. Devenir femme, c'est oser l'intériorité. Comme Marie-Madeleine qui choisit de rester écouter les paroles du

Christ plutôt que de s'activer à son foyer pour aider sa sœur Marthe. Elle choisit la meilleure part et elle ne lui sera pas enlevée.

Estelle et sa meilleure amie incarnent deux extrêmes. Estelle n'ose pas encore assumer la facette d'elle-même moins conformiste et la projette sur son amie. C'est pourtant une fois émergée son Aphrodite intérieure qu'il lui sera possible de contacter l'individualité de son désir et de rencontrer l'autre en toute liberté, en toute égalité et dans la splendeur de sa différence.

L'autre par excellence, c'est l'homme. C'est parce qu'ils sont si différents que le corps de l'homme et celui de la femme peuvent se réunir et se rencontrer dans le plaisir. Au lit, cette différence se révèle plus que partout ailleurs et elle est d'abord physique. La sexualité est le lieu où la différence est bien visible. Elle est aussi par essence le lieu de la rencontre. Contrairement à ce que nous pensons, habituellement, ce sont nos différences qui permettent l'union. D'elles jailliront le désir, la joie et l'envie de travailler, de vivre, d'aimer et d'être aimés. Notre femme intérieure. Il en est ainsi dans notre vie privée de même que dans notre vie professionnelle.

Viviane a 50 ans. Elle est coach et débordée. Elle croule sous le nombre de demandes et ne s'autorise pas à les refuser. Elle n'en peut plus. Ce travail que, jusqu'à présent, elle aimait devient un poids et une charge.

« De quoi aurais-tu envie ? Quelle est ta spécificité, ton originalité ? Trouve ta différence par rapport aux autres coachs…

– Mon envie ? Ce serait de travailler uniquement avec les parents en difficulté avec leurs enfants. »

Viviane décidera finalement d'organiser des groupes de parole pour parents en difficulté. Et, devant l'afflux de demandes, de doubler le prix de ses séances.

Comme Viviane, quand nous sommes débordées de travail, c'est que nous nous positionnons souvent comme des déesses mères fusionnelles, indifférenciées. Nous sommes dans la toute-puissance, nous ne connaissons aucune limite et nous nous croyons obligées de tout prendre en charge. La solution ? Trouver sa différence, sa spécificité, son originalité, et, pour le reste, savoir dire : « Je ne peux pas », « Je ne sais pas », « Je n'ai pas envie ». Laisser ainsi derrière soi le poids de la culpabilité. La mère qui prend tout en charge laisse alors place à la femme qui se fait plaisir. Y compris par de l'argent. Elle rayonne. De la fusion, de l'indifférenciation émerge la différence. C'est une réelle métamorphose.

La célèbre chanteuse Véronique Sanson est interviewée sur i>TELE :

« Est-ce que vous regrettez ce qui s'est passé avec Michel Berger ? lui demande le journaliste.

– C'est une erreur de me parler de Michel Berger », répond-elle.

Le journaliste insiste :

« En quoi est-ce une erreur de vous parler de Michel Berger ? »

La chanteuse se lance dans des justifications embrouillées :

« C'est une histoire finie » puis : « Je ne veux pas dire ça, je ne l'ai jamais oublié ». Après un long discours dans lequel elle s'embourbe, elle finit par oser dire : « Je n'ai pas envie de parler de Michel Berger. »

Immédiatement, le journaliste obtempère et change de sujet.

Au début de l'interview, Véronique Sanson se positionne en mère toute-puissante qui édicte sa propre loi du haut de son piédestal. « Ce que vous faites est une erreur », dit-elle. Sans se rendre compte que ce pouvoir, elle ne l'a qu'avec ses enfants, elle s'érige en juge et indique aux autres ce qu'ils doivent faire. Sans succès.

La femme, elle dit ce qu'elle ressent. Elle n'est pas tournée vers l'extérieur, mais vers l'intérieur d'elle-même. Ses paroles émanent de sa profondeur et de son humilité[1]. Elles sont alors d'une puissance inouïe. Beaucoup de mes patientes sont stupéfaites lorsqu'elles constatent dans la vie quotidienne l'impact que peut avoir sur leur interlocuteur la simple expression de leur ressenti.

C'est seulement lorsque Véronique Sanson ose affirmer son désir, différent de celui du journaliste, qu'elle est entendue et respectée par lui. Elle ose finalement dire en toute simplicité : « Je n'ai pas envie », et il obtempère. Comme elle, nous avons souvent le réflexe de nous réfugier derrière des règles, des lois et des devoirs. Nous sous-estimons la puissance du féminin. Nous oublions que dire avec calme : « Je suis contrariée par ce que vous avez fait » ou : « Je n'ai

1. Définition de l'humilité par les Pères de l'Église : être à sa juste place.

pas envie » est bien plus puissant que n'importe quelle justification.

Il est temps aujourd'hui de se déprogrammer. De passer du logiciel « devoir » au logiciel « plaisir ». De transformer les « il faut que » en « j'ai envie de ». De laisser tomber la toute-puissante déesse mère entourée d'un halo de moralisme pour jouir de la vie. Le poids devient la joie. Et la charge une opportunité d'abondance. C'est alors seulement qu'il devient possible de rencontrer sa femme intérieure.

Principe n° 4

Oser aussi recevoir

Savoir dire merci

Nous pourrions dire que la mère en nous donne, et que la femme en nous reçoit. Dans notre société, donner est louable, gratifiant, permet de se croire supérieur. Recevoir est moins valorisant.

Être femme est moins valorisant.

Au point que recevoir puisse même apparaître aux yeux de certains comme une humiliation. Parmi mes patients, plusieurs se sentent par exemple mal à l'aise de recevoir de l'argent, parfois beaucoup d'argent, de la part de leurs parents. Recevoir, en réalité, est une responsabilité. Nous avons alors la capacité de donner à notre tour. En toute liberté. Plutôt que de se sentir coupable ou honteux, pourquoi ne pas se sentir reconnaissant ? La gratitude, dit-on, est le premier degré de la spiritualité. Beaucoup ne le franchissent pas.

Retrouvons Élise, à qui son mari a concrètement apporté son soutien en construisant un petit lit à part pour leur fils de 22 mois.

« En plus le meuble qu'il a construit est très beau ! s'exclame-t-elle.

– Vous me le dites à moi, le lui avez-vous dit à lui ?

– Non.

– Pourquoi ?

– Je me serais sentie vulnérable. »

Dire simplement merci est souvent aujourd'hui considéré comme une faiblesse, voire une faille. C'est « avouer » que nous avons reçu. Combien de femmes ne savent pas accueillir un compliment ou un cadeau ? Comme s'il s'agissait sur elles d'une prise de pouvoir, elles répondront selon les cas : « Non, j'ai une gueule horrible aujourd'hui » ou : « C'est une vieille robe ». Variante : « Je l'ai achetée pas cher du tout dans un magasin bon marché ». Elles se ferment. Au lieu de remercier.

La vie est un échange permanent. Comme l'inspiration et l'expiration, donner et recevoir sont un seul et même mouvement, deux étapes d'un même cycle. Quand il nous est difficile de recevoir, il nous est souvent difficile de donner.

Encore faut-il accepter de se mettre en position de réception. Un poste de radio, fermé, ne peut capter les ondes sonores. Ni une lampe éclairer si son interrupteur n'est pas ouvert. Ne pouvant recevoir, ils ne peuvent émettre ni lumière ni musique. Nos canaux à nous sont trop souvent bloqués sur le mode « agir », « donner », ou « contrôler ». Être reconnaissant, c'est rester ouvert. À l'autre et à ce qu'il peut continuer de nous apporter. À la vie et à ses cadeaux.

Recevoir exige un minimum d'humilité et nous manquons d'entraînement. Et pourtant. Nous sommes tous des êtres de manque et heureusement, car c'est ce creux en nous qui permet d'accueillir l'autre et de vouloir tour à tour lui donner et recevoir de lui.

Le secret ? Savoir que nos besoins, nos désirs, nos envies n'ont pas besoin d'être satisfaits. Ils ont juste besoin d'être nommés et reconnus [1]. La condition pour recevoir, c'est de reconnaître nos manques. De la frustration qu'ils génèrent peuvent naître nos envies comme autant d'appels à la vie. C'est du vide, du manque que jaillit le désir.

Affronter le vide

Cécile est boulimique. Cette semaine-là, elle n'a, selon ses dires, presque pas eu de crise. Sauf deux.

« Je me suis aperçue d'une chose qui me stupéfie. Ces deux crises, je les ai eues le soir parce que j'étais rentrée plus tôt à la maison et que je ne savais pas quoi faire. C'est incroyable. Moi qui cours toujours après du temps libre, là, pour une fois, j'en avais et cela m'a paniquée.

– Comme si vous aviez peur du vide ?

– Oui, je me suis aperçue que ma vie était structurée autour de mes crises. Si je ne les ai pas, je suis dans le vide, je me sens perdue. Il faut que je me reconstruise.

– Vous pourriez remplacer "il faut" par "j'ai envie" ou "j'ai besoin" ?

1. Thomas d'Ansembourg, *Être heureux, ce n'est pas nécessairement confortable*, *op. cit.*

– J'ai envie de me reconstruire.

– C'est comment ?

– C'est mieux. Je me sens moins vide, plus cohérente.

– C'est comme si vous vous étiez structurée à coups de "il faut que" et que vous aviez oublié au passage tous vos besoins, vos désirs, vos envies. Comme si vous vous étiez oubliée. »

Comme Cécile, nous nous sommes souvent coupées de nos ressentis. Résultat : nous avons peur du vide. Peur de notre vide intérieur. Pour le combler, nous nous tournons vers l'extérieur. Nous consommons toujours plus de biens, de nourritures, d'expériences de toute nature, de partenaires sexuels ou romantiques. Nous sommes alors à la fois gavées et dans l'insatisfaction permanente. Anesthésiées.

Il y a en nous tous une mère juive qui cherche à tout prix à combler nos manques, y compris par des ersatz. Nous avons besoin d'amour et nous allons manger un gâteau au chocolat, nous acheter une robe ou accepter de passer la nuit avec un homme pour qui nous n'éprouvons aucun désir. D'autres vont passer l'aspirateur, faire la vaisselle, pour avoir le sentiment d'être utiles, dans l'espoir de récolter des miettes de reconnaissance qui ne viendront jamais.

Exemple extrême : les addictions. Sur le moment, elles semblent nous satisfaire mais cette satisfaction ne dure pas, parce qu'elles ne comblent aucun de nos réels besoins. Elles nous empêchent au contraire de les découvrir et d'apprendre à les combler. D'apprendre à recevoir. Elles les cachent, les dissimulent sous des faux-semblants. Si notre maison est remplie d'objets inutiles, nous aurons des difficultés à l'habiter. Si un verre est déjà plein, nous ne pouvons le remplir.

Pour apprécier une situation de façon juste, il est nécessaire d'être vide de ses intérêts individuels. Oser se mettre en état de réceptivité, c'est accepter de rencontrer pour un temps la solitude ou le vide. C'est le vide qui, comme une vallée au pied d'une montagne, donne du relief à notre pensée, de la profondeur à nos sentiments et de la dimension à… notre âme.

Sans lui, nous sommes des individus et non plus des personnes. Le mot « personne » vient du latin *per-sonna* qui signifie « sonner au travers ». À la différence d'un individu, une personne, comme un instrument de musique, ne pense pas qu'à son intérêt personnel, elle a la capacité d'entrer en résonance avec d'autres. De se mettre au diapason, en harmonie. Il est temps de devenir non plus seulement des individus, mais des personnes capables de percevoir ce qui vibre et ce qui résonne (et non seulement ce qui raisonne) en nous et à travers nous. D'écouter notre intuition et notre sensibilité tout autant que notre raison ou notre rationalité. De descendre dans notre intériorité. Après une rupture, un divorce, beaucoup de femmes se retrouvent seules, parfois avec des enfants à charge. Pour nombre d'entre elles, la solitude est alors une torture. Elles se retrouvent en état de manque, comme un drogué pendant sa période de sevrage. Ou comme lors d'un jeûne qui leur permettrait ensuite de mieux assimiler la nourriture.

Si la démarche est consciente, elle est initiatique. Peu à peu leur besoin absolu de l'autre, d'un autre, d'un homme dans leur vie se relativise. Elles apprennent à vivre en leur propre compagnie, à devenir leur meilleure amie. Oser recevoir, c'est d'abord apprendre à se connaître et à s'aimer.

> *Avant, quand je perdais trois kilos, mon identité vacillait, me confie Christine, 40 ans. Mon seul repère, c'était ce que les autres voyaient de moi. J'avais besoin de ce regard pour exister, surtout en tant que femme. Je donnais un sacré pouvoir aux autres. À l'adolescence, ma mère me glissait des « Scud » qui dynamitaient mon image de moi : « T'as décidé de te plâtrer le visage aujourd'hui » ou : « Tu devrais peser trois kilos de moins ». J'y croyais. Ensuite j'ai quitté le cocon familial et les hommes me disaient que j'étais une bombe. J'y ai cru aussi. Je n'avais de moi aucune conscience réelle. Aujourd'hui, je prends plaisir à être ce que je suis. J'ai un regard sur moi qui me vient de l'intérieur.*

Faire face à ce que nous sommes vraiment

Oser recevoir, c'est oser être imparfait. Sortir du narcissisme qui agit seulement en fonction du miroir que l'autre nous renvoie. Sans réceptivité préalable, sans racines, sans profondeur, notre logique devient froide, implacable, glacée. Nous préférons pourtant rester à la surface de nous-mêmes. Nous avons peur d'ouvrir la boîte de Pandore. Si nous soulevions le couvercle, peut-être en sortirait-il tous les maux de la Terre ? C'est possible en effet. À force d'avoir enfermé à double tour au fond de nous nos chagrins, nos colères, nos besoins non entendus, ils s'accumulent, s'accumulent. Pour pénétrer jusqu'à eux, il nous faudra d'abord traverser ce marécage.

Plonger dans son intériorité demande du courage. C'est prendre le risque de traverser des zones de turbulences et de remises en question. Comme dans les contes de fées de notre enfance, nous pouvons nous appuyer sur notre preux chevalier intérieur pour trouver la force d'abattre les dragons de nos peurs, de traverser les buissons ardents de la colère et de la rage, de ne pas se laisser engloutir par les sables mouvants de nos chagrins et de nos tristesses. C'est seulement là que, enfin, nous entrerons en contact avec ce qui se cache au fond de nous, bien protégé derrière nos jugements de valeur et nos mauvaises pensées. Comme un bouclier de protection pour éviter de ressentir. De vivre. D'aimer.

Les récentes découvertes en matière de neurobiologie nous démontrent que les sentiments négatifs martèlent notre sensibilité de façon plus intense que les sentiments positifs[1]. Résultat : le malheur nous donne l'impression d'exister davantage. Il procure des sensations fortes au point de pouvoir devenir une drogue. En comparaison, le bonheur – que nous aurions à cultiver et à faire fleurir comme un jardin – nous semble souvent fade comme un plat raffiné à une personne habituée à des mets épicés ou à des hamburgers.

Pour oser recevoir, il est donc nécessaire d'intégrer de nouveaux repères qui, comme un vase, nous permettent de recueillir la pluie de bénédictions que nous offre chaque

1. Stefan Klein, *Apprendre à être heureux*, Robert Laffont, 2005.

jour la vie et que, la plupart du temps, nous ne voyons même pas.

Oser recevoir, c'est aussi dire oui à la vie. C'est oser se laisser pénétrer. Une femme crée un bébé en s'ouvrant d'abord. Ensuite seulement un germe œuvre en elle. Avant d'agir, nous avons à réapprendre à nous ouvrir et à nous laisser toucher. C'est la condition sine qua non de toute créativité.

Principe n° 5

Oser aussi l'émotion

Penser pour ne plus ressentir

Jasmine, 21 ans, ne comprend pas pourquoi elle est obsédée par Édouard, un garçon norvégien avec qui elle est sortie un mois. Il a rompu et, depuis, elle pense à lui tout le temps. C'est compulsif. Elle l'idéalise et n'arrive pas à faire autrement. Cela dure depuis un an. Je lui demande de me raconter comment Édouard est parfait. Au fur et à mesure qu'elle énumère ses qualités présumées, elle se rapetisse dans son fauteuil.

« Plus vous le grandissez, plus vous vous rapetissez. Vous en faites une idole devant laquelle vous vous prosternez. Si vous laissiez libre cours à votre obsession de lui, que pourriez-vous faire ? »

Jasmine s'autorise à imaginer. Elle agrandirait une photo de lui, en ferait des posters géants dont elle tapisserait les murs de sa chambre.

« Quand vous imaginez cela, comment vous vous sentez ?

– Je me sens bien, je me sens moins seule. »

Jasmine comprend soudain que son obsession pour

Édouard sert à masquer un intense sentiment de vide et de solitude. Elle se met à pleurer.

Plus nous pensons, moins nous ressentons. Comme Jasmine, nous nous coupons de notre ressenti et nous condamnons ainsi parfois à penser de façon obsessionnelle et compulsive. Nous nous construisons des idées fixes. C'est ainsi que nous évitons le plus souvent d'éprouver des émotions douloureuses. À court terme, c'est plus confortable. À long terme, c'est plus difficile. Nous nions nos réels besoins et ne pouvons donc y répondre. Comme si nous n'en étions pas responsables. Nous nous voyons alors comme des victimes : d'une maladie, d'un homme, d'une femme ou de la fatalité. Résultat : une perpétuelle insatisfaction. Et, en prime, beaucoup de confusion.

Déjeuner avec Jeanne. Elle est cadre dans l'industrie pharmaceutique. C'est une amie. Elle a 48 ans et elle commence sa ménopause. Depuis, elle ressent des bouffées émotionnelles qui lui semblent venir d'ailleurs. De brusques sautes d'humeur, apparemment sans raison, qu'elle se reproche ensuite amèrement et que son médecin attribue à ses hormones. Elle se sent au bord de l'explosion. « Tu te rends compte, me dit-elle, je pourrais me mettre soudain en colère contre toi, comme ça, sans raison... »

Je ne la crois pas. Je connais Jeanne depuis près de vingt ans. Sous ses apparences enjouées, elle est hypersensible. Je sais que dans l'entreprise où elle travaille, comme dans toute entreprise, elle est obligée de réprimer ses émotions en perma-

nence. Elle dirige une équipe et, pourtant, elle n'a pas de bureau à elle. Elle est hyperintégrée, efficace, appréciée par ses collègues et sa hiérarchie. Elle vient de me confier qu'elle aimerait désormais « prendre la pleine dimension de son poste ». Je sais ce que peut coûter une trop grande intégration à une structure collective, même et surtout si nous la souhaitons de tout notre cœur, de toute notre âme et de toutes nos pensées. Le prix à payer est en premier lieu le sacrifice de la plupart de nos émotions.

« Je ne te crois pas, lui dis-je en la regardant dans les yeux. Je fais l'hypothèse que chaque fois qu'une émotion t'emporte, elle a une bonne raison d'être, même si tes hormones l'amplifient.

– Je n'ai pas entendu ce que tu me dis », me répond-elle.

Jeanne ne me demande pas de répéter ; je n'insiste pas. Je me rends soudain compte à quel point mon hypothèse peut être dérangeante pour elle. Les émotions sont un langage et ce qu'elles nous disent, nous n'avons souvent pas envie de l'entendre. Le message qu'elles véhiculent est souvent peu politiquement ou même psychologiquement correct. Mieux vaut parfois les croire « absurdes » ou « ridicules » pour conserver le statu quo.

Jeanne me parle de sa vie sentimentale. Elle est homosexuelle et amoureuse. Or sa compagne vit toujours avec son ex dans un appartement somptueux qu'elles seraient obligées de quitter si elles se séparaient. En fait, elles partagent tout sauf leur vie sexuelle. C'est ce que font, me dis-je, bien des couples mariés qui accordent tacitement à l'autre le plaisir d'une aventure. C'est comme si Jeanne vivait dans l'illégiti-

mité. D'ailleurs, elle ne sait jamais où elle va dormir le soir même, dans son propre studio ou chez sa compagne. Elle a du mal à trouver sa place. Ses émotions aussi. Elle ne leur accorde pas droit de cité. Si jamais elles débordent du cadre confiné dans lequel elle les enferme, Jeanne accuse ses hormones. Je sais cette femme d'une grande intelligence, je décide de lui livrer le fond de ma pensée :

« Tu vis exactement dans la situation de la maîtresse d'un homme marié. Sans place véritable auprès de la personne qu'elle aime et, vis-à-vis de l'extérieur, obligée de se cacher. C'est normal que cela te bouleverse, que tu en souffres. Il me semble important que tu le saches. »

Soudain s'éclairent pour Jeanne ses brusques sautes d'humeur. Sa souffrance, d'un coup, devient légitime. Ses émotions aussi. Elles prennent racine non dans un bouleversement biologique, mais dans une réalité.

Écouter ses émotions

Nos émotions se réveillent lorsque l'un de nos besoins n'est pas respecté. Comme un signal sur le tableau de bord d'une voiture. En prendre conscience, c'est en devenir responsable. C'est sortir de notre statut de victime. Et ce n'est pas nécessairement agréable. La victime bénéficie de multiples avantages secondaires. Elle peut se plaindre, être au centre de l'attention, se faire choyer et chouchouter...

Reconnaître et nommer nos besoins, nos émotions, c'est au contraire prendre le risque de mettre en péril un système sur lequel, croit-on, repose notre sécurité affective ou professionnelle.

Raphaëlle, 35 ans, a déjeuné hier avec une de ses meilleures amies. Elle lui a raconté que son homme avait déployé des trésors d'attention et d'efforts envers elle pendant les six premiers mois de la relation. Aujourd'hui qu'il l'a conquise et qu'ils vivent ensemble, il ne veut plus « se prendre la tête ». Il la trouve compliquée, il se montre froid et peu attentionné. Que compte-t-elle faire ? Baisser la tête, accepter la situation. Tant pis pour ce qu'elle ressent.

Nos émotions nous fournissent de précieuses informations. Elles nous permettent, à condition de vouloir les entendre et les comprendre, de nous ajuster à notre environnement. C'est vers lui qu'elles pulsent et parfois nous propulsent. Elles disent : « Je suis choqué par ce que tu me dis » ou : « Je suis content » ou : « Je suis en colère ». C'est souvent à un interlocuteur bien précis qu'elles cherchent à adresser un message et c'est bien la raison pour laquelle nous voulons la plupart du temps les faire taire. La vérité sort, dit-on, de la bouche des enfants, par peur de perdre la relation. Il en est de même de nos émotions.

Si elles nous bousculent tant, c'est parce qu'elles parlent le langage du cœur, celui que nous connaissions étant enfants, avant même l'usage de la parole. Le plus souvent, elles n'ont encore aucune éducation. Elles ne connaissent ni les lois, ni les usages, ni les conventions. Elles viennent frapper à notre porte sans crier gare et en général au plus mauvais moment, croyons-nous, pour nous. Prisonnières de ce dilemme et de cette (apparente) contradiction, combien sommes-nous, comme Jeanne, à mettre une croix sur elles, à ne pas les respecter, les écouter, à ne leur consacrer ni temps ni attention ? C'est comme une lettre importante que nous essayerions de cacher au fond d'un tiroir de peur qu'elle ne parvienne à son destinataire.

Lydia est orpheline de mère, son mari était orphelin aussi. Elle me dit qu'elle avait autrefois un tel besoin de tendresse que « sa maison ne lui appartenait plus ». Sa table était toujours ouverte. Au moment de son divorce, ce fut le désert. Elle prit alors conscience qu'elle n'avait jamais tissé de vrais liens avec ceux qu'elle accueillait chez elle :

« C'est normal, je me cachais sans cesse, tout en espérant que l'on me découvre. Je mettais en scène un personnage. Je n'étais pas moi-même. Aujourd'hui encore, je n'ai presque pas d'amis.

– Comme si vous aviez besoin d'abord d'être votre propre amie avant de pouvoir en avoir autour de vous. »

À 58 ans, Lydia est une force de la nature. Un volcan. Elle réfrène une grande part de sa personnalité, par crainte de rester seule. En réalité, c'est d'elle-même qu'elle a peur.

C'est seulement maintenant qu'elle accepte de regarder l'autre côté d'elle-même, son besoin de tendresse, ses chagrins, sa colère. Elle nomme avec timidité la « bête sauvage » qui serait en elle. Je lui dis que celle-ci ne me fait pas peur et que je suis au contraire bien curieuse et intéressée de la rencontrer. Elle en est tout étonnée.

Ne sommes-nous pas toutes des volcans qui sommeillent ? Combien d'entre nous dissimulent ce qu'elles croient être la partie noire d'elles-mêmes par simple besoin à leurs côtés de présence humaine ? Nos réels besoins d'attention, de regard bienveillant, de tendresse et d'affection restent voilés aux autres et, par conséquent, insatisfaits. Nous ne nous aimons pas telles que nous sommes. Nous ne nous montrons pas telles que nous sommes. Par conséquent, nous ne sommes pas alors en contact réel avec autrui. Nous ne pouvons donc pas accueillir l'amour, seulement des ersatz. Et nous restons affamées.

Les émotions, clefs de l'authenticité

Si beaucoup d'entre nous mettent une croix sur ce qu'elles ressentent, c'est d'abord pour protéger leur entourage. Pour le préserver et surtout préserver les liens qui les unissent à lui.

Nous sacrifions nos besoins, nos désirs, nos envies et parfois notre vie entière à la sécurité souvent illusoire d'une relation qui, si elle n'est pas vivifiée et irriguée par nos émotions, devient une coquille vide. Comme une écorce à la périphérie d'un arbre. Elle s'assèche. Se couper de l'échange, c'est se couper de la vie.

Être aimé est souvent pour nous presque une question de vie ou de mort à côté de laquelle tout le reste devient accessoire. En même temps, si cet amour concerne non nous-mêmes, mais une image que nous avons de nous-mêmes, n'est-ce pas un amour purement virtuel ? Autrement dit, fictif.

Oser l'émotion, c'est être authentique, et être authentique est la condition d'un lien fondé sur des valeurs partagées et non seulement sur des intérêts communs. C'est oser le lien. Ce lien est un canal entre soi et l'autre par lequel passe la vie. Une relation d'être à être, fondée sur l'échange. Il y a toutes sortes de liens : amicaux, professionnels, familiaux, filiaux ou amoureux, et ces liens nous structurent.

Ce sont nos liens, bien plus qu'une quelconque réalité matérielle, qui nous structurent. Lorsqu'ils se rompent, nous croyons perdre une partie de nous-mêmes. Ils sont nos racines. Ils nous relient à la terre et laissent passer la vie et l'amour. Si de ces liens nous ne prenons pas soin, l'arbre tout entier dépérit. Et ne porte plus de fruits.

Jeanne avait un problème qu'elle voyait comme médical, il était en réalité relationnel. C'est le cas de la grande majorité de nos soucis. Même s'ils nous apparaissent extérieurement comme strictement concrets ou matériels, ils sont la plupart du temps le fruit de ce que nous sommes, c'est-à-dire des liens que nous entretenons avec autrui. Ou plutôt des nœuds qui les entravent. Il est donc tout aussi important, si ce n'est plus, d'être attentifs à nos liens qu'à nos objectifs. Ils en sont le chemin.

Jasmine est désormais consciente de son sentiment de solitude et de vide. Elle peut donc tenter d'y répondre. Elle apprend à entrer en contact de façon plus authentique, plus réelle, plus nourrissante pour elle, avec ses amis, sa famille, son entourage.

« J'ai honte de leur dire que je me sens seule, s'inquiète-t-elle. En plus, ce n'est pas vrai, je suis entourée de plein de gens...

– Et si vous disiez à vos amis les plus proches quelque chose comme : "Je suis entourée de plein de gens et, en même temps, je me sens seule", pensez-vous qu'ils pourraient comprendre ?

– Oui, surtout ceux qui sont restés dans ma ville natale et qui me savent à Paris. Je peux le faire. »

Comme Jasmine, nous oscillons souvent entre deux extrêmes : la peur de la dépendance et la peur de rompre nos liens. Dans le premier cas, nous refusons de nous attacher. Nous voulons garder le contrôle. Dans le second, nous n'osons pas exprimer ce que nous ressentons vraiment. De peur que l'autre ne se détourne. Nous avons alors le choix. Soit décider de garder nos émotions pour nous et, dans ce cas, nous sacrifions ce que nous sommes. Nous restons à la surface de nous-mêmes. Nos liens sont faussés. Pour reprendre la métaphore de l'arbre, la sève n'y circule plus.

Nous pouvons aussi choisir de les exprimer mais dans ce cas, comme nos émotions nous font peur, nous avons peur de faire peur à l'autre, de le faire fuir. De rompre le lien. C'est la quadrature du cercle. Comment exprimer ce que je suis sans risque ? Finalement l'équation est la suivante : comment exprimer mes émotions sans que ce soit violent pour l'autre ? Comment respecter mes besoins et mes désirs tout en respectant les besoins et les désirs de l'autre ?

La communication non violente

Le mot « agressivité » vient du latin *ad-gressere* qui signifie « aller vers ». Nous pouvons aller vers l'autre à la fois en respectant ce qu'il ressent et ce que nous ressentons, comme l'a si bien compris l'Américain Marshall Rosenberg.

Aux États-Unis, il est appelé l'« apôtre de la non-violence » et il a inventé une méthode de communication utilisée aujourd'hui aussi bien lors de disputes conjugales que dans de nombreux conflits internationaux. Il enseigne son approche à des mères de famille, à des chefs d'entreprise, des militants extrémistes ou des membres du gouvernement. Son organisation est aujourd'hui présente dans plus de vingt pays. Son credo est le même que celui de Gandhi : nous ne pouvons changer le monde que si nous nous changeons nous-mêmes et cela commence par notre langage. Selon Marshall Rosenberg, la violence utilise les ressorts de la culpabilité, de la punition, du devoir. La non-violence utilise la bienveillance naturelle présente en tout être humain. Elle consiste à faire émerger ce qu'il y a de positif en nous. J'ai rencontré Marshall Rosenberg il y a quelques années, entre deux avions, lors d'un de ses rares passages à Paris. Il a le regard perçant, un visage austère. Ses mouvements sont lents et calmes, comme ceux d'un maître d'art martial. Petit résumé de notre entretien :

« Qu'est-ce qui vous a poussé à militer pour la non-violence ?

– *Seul enfant juif de la classe, j'ai été confronté très tôt à l'antisémitisme. J'ai eu la chance d'être aussi le témoin d'un autre aspect de la vie. J'ai vu des gens de ma famille agir avec beaucoup d'humanité. Et j'ai essayé de comprendre la différence.*

– *Quelle est la différence ?*

– *L'éducation. Il m'a fallu de nombreuses années pour le comprendre. Notre éducation nous pousse à aimer la violence car la violence est indispensable pour maintenir le système de domination de l'homme sur l'homme, système à l'intérieur duquel un petit nombre de personnes en domine un grand nombre.*

– *Comment en êtes-vous arrivé à inventer une méthode de communication non violente ?*

– *J'ai travaillé, entre autres, sur une étude faite sur un criminel de guerre nazi. Je me suis intéressé à la façon dont il avait appris à ne pas être responsable de son action. J'ai aussi fait des études de théologie comparée pour essayer de trouver dans toutes ces religions des concepts communs.*

– *Le langage que nous utilisons habituellement, vous l'appelez le "langage chacal". En quoi est-il source de violence ?*

– *C'est celui que, comme tout le monde, j'ai appris à parler étant enfant. Il est motivé par la peur, la honte et la culpabilité. Il se caractérise en premier lieu par des jugements moraux et utilise souvent les mots "bon", "mauvais", "normal", "anormal". C'est un langage qui nie la responsabilité de nos sentiments. Il utilise son pouvoir pour que l'autre se sente coupable.*

– Il semble que vous ayez trouvé l'antidote. Qu'est-ce que vous appelez le "langage girafe" ?

– Le langage de la communication non violente, qui est le langage du cœur.

– En quoi peut-il contribuer à lutter contre la violence ?

– Dès le moment où vous arrivez à faire dire aux autres quels sont leurs sentiments et leurs besoins, vous vous apercevez qu'il est possible de s'acheminer vers un dialogue paisible.

– Dans quel cas votre méthode est-elle applicable ?

– Je travaille avec toutes sortes de gens de toutes sortes de religions. Avec des enfants, des parents et des enseignants. Avec des prisonniers, des policiers et des militaires. Et même dans certains pays avec des membres du gouvernement. Avec des militants des droits de l'homme et des militants extrémistes en Israël, en Palestine, au Rwanda, au Burundi ou en Sierra Leone.

– Jusqu'à quel degré de violence votre méthode est-elle efficace ?

– Je forme par exemple des femmes violées ou battues à répondre à cette violence quotidienne. Je leur donne d'ailleurs exactement la même formation qu'aux policiers et aux militaires.

– Que faire face à un homme qui menace de nous violer ?

– Je vais vous donner un exemple. Certains professeurs aux États-Unis travaillent dans des quartiers où il y a énormément de violence. Un soir, une jeune femme consciencieuse a voulu rester plus longtemps avec un élève en difficulté. Une fois l'élève parti, un homme est entré dans sa classe et lui a demandé de se déshabiller. Elle venait à

notre formation et elle a vu que cet homme était nerveux et contrarié. Elle lui a montré une réelle bienveillance et elle s'est montrée à son écoute. C'est quand même très costaud car il faut maîtriser la situation et comprendre exactement ce qui se passe. Cet homme a compris que cette femme comprenait en partie ce qui se passait en lui. Quand elle lui a dit que ce qu'il lui demandait était difficile et qu'elle n'avait pas envie de le faire, il s'est senti déstabilisé. Il a attrapé son portefeuille et il est parti.

– Et lorsque l'agression a lieu, y a-t-il encore quelque chose à faire ?

– Oui. Une jeune femme travaillait à Toronto, au Canada, dans un centre de désintoxication. Quelques jours après avoir suivi une de nos formations, un homme – il était drogué – est venu lui demander une chambre. Le centre étant complet, elle lui a donné une autre adresse. Tout d'un coup, il la couche sur le sol, s'assied sur sa poitrine, lui met un cran d'arrêt sous la gorge en criant : "Tu me mens !" Elle a essayé de comprendre ce qu'il ressentait. Elle s'est souvenue que l'essentiel, c'était de ne pas le contredire et d'être attentive à ses besoins à lui. Cela a duré au moins dix minutes. À partir du moment où il a compris qu'elle était attentive à ce qu'il ressentait, il s'est arrêté. Il a pris l'adresse qu'elle lui avait donnée, il a sauté dans un taxi et il est parti. Je lui ai alors demandé : "Pourquoi revenez-vous à ma formation ?" Elle m'a répondu : "Parce que j'aimerais que vous m'aidiez pour une situation encore plus difficile à gérer : mes relations avec ma mère."

– Est-il possible en quelques mots d'expliquer votre méthode ?

– Oui, pour résumer, il y a quatre points :

1. Décrire avec précision l'événement qui nous a fait réagir sans porter le moindre jugement de valeur, quel qu'il soit. Par exemple : "Je vois tes chaussettes sales sur le canapé du salon."

2. Dire ce que nous avons ressenti en présence de ces faits. Exemple : "Je me sens de mauvaise humeur."

3. Identifier le besoin non satisfait qui est à l'origine de ce que nous avons ressenti et l'exprimer à l'autre : "Parce que j'ai besoin d'ordre."

4. Faire une demande précise et concrète à laquelle il puisse répondre ici et maintenant : "Tu veux bien ranger tes chaussettes ou les mettre au sale ?" Au lieu de dire à votre enfant : "Tu es désordonné", lui dire : "1. Lorsque je vois tes chaussettes sales sur le canapé du salon, 2. je suis de mauvaise humeur, 3. parce que j'ai besoin d'ordre. 4. Tu veux bien ranger tes chaussettes ou les mettre au sale ?" »

Cette méthode au premier abord paraît simple. Ne vous y fiez pas, elle demande de l'entraînement. Peu importe si nous n'y arrivons pas tout de suite, elle est un cadre de référence qui permet, dans nos moments de confusion, d'identifier la source de nos ennuis. Pour Marshall Rosenberg, les relations humaines bienveillantes pourraient se résumer à trois expressions : « bonjour », « merci » et « s'il vous plaît ». Trois signes de reconnaissance et de respect qui suscitent automatiquement chez autrui une émotion positive.

Le docteur Masaru Emoto en a d'ailleurs apporté la preuve. Ce scientifique japonais est célèbre pour ses expériences sur les cristaux d'eau. Il rapporte[1] une expérimentation pratiquée par une famille abonnée à son magazine et reproduite depuis par lui-même dans des conditions scientifiques. Il mit du riz dans deux bocaux en verre et, un mois durant, dit chaque jour « Merci ! » à l'un et « Idiot ! » à l'autre. Au bout d'un mois, le premier se mit à fermenter et à répandre une agréable odeur de malt, le second pourrit et vira au noir. Nous pouvons nous-mêmes en faire l'expérience. La qualité de nos liens aux autres est vitale, au sens propre du terme. Elle est une question de vie ou de mort. Oser aussi exprimer nos émotions sous une forme bienveillante, c'est faire le pari de la vie.

1. Dr Masaru Emoto, *Les Messages cachés de l'eau*, Guy Trédaniel, 2004.

Principe n° 6

Oser aussi se donner de la valeur

Des femmes qui ne s'aiment pas

Élise s'assied en face de moi et pousse un soupir.

« J'imagine, lui dis-je, que vous avez encore couru pour venir jusqu'ici ?

– Pas du tout, me dit-elle, je me pose. C'est un soupir de soulagement.

– Vous pourriez me décrire davantage ce que vous ressentez ?

– C'est comme si je portais plein de valises très lourdes et qu'ici, je pouvais les poser.

– Et que se passerait-il si vous m'en laissiez quelques-unes ?

– Ah non ! » répond-elle.

C'est le cri du cœur.

« Si elles sont si lourdes, qu'est-ce qui vous empêche de me les confier ? Qu'ont-elles de si agréable que vous vouliez les garder ?

– Ce n'est pas agréable mais ce sont mes repères. Je ne peux pas les laisser.

– Qu'est-ce que cela vous fait de vous imaginer avec toutes ces valises à transporter ? »

Il y a une drôle de joie dans ses yeux :

« Cela me fait rire. Je me vois comme dans une BD. Une petite bonne femme toute maigre avec plein de valises très lourdes qui se prend les pieds dedans. »

Elle rit. Moi, ça ne me fait pas rire du tout. Je le lui dis :

« Vous êtes en train de vous moquer de vous-même. Comme ces gens qui glissent sur une peau de banane et dont tout le monde rit alors qu'ils se sont fait très mal. Cela vous est-il déjà arrivé par le passé que l'on se moque de vous si vous aviez le malheur de vous plaindre ?

– Oui, mon père fait toujours des plaisanteries qui appuient là où ça fait mal. Nous n'avions pas le droit de nous apitoyer sur nous-mêmes.

– Ces plaisanteries, semble-t-il, font partie de vos repères. Vous voulez savoir ce que ça me fait, à moi, de vous imaginer avec toutes ces valises ?

– Oui.

– Cela me rend triste. »

Ma tristesse l'autorise à prendre contact avec la sienne. Les larmes lui viennent aux yeux. Pour elle, c'est nouveau. Par le passé, Élise avait été obligée de se fermer à double tour, de ne montrer à son entourage aucune émotion. Je lui demande :

« Qu'est-ce qui fait qu'ici, avec moi, vous vous ouvrez de plus en plus ?

– Je sais que vous êtes attentive à ce que je pense et à ce que je ressens. Les autres ne le sont pas.

– Et vous, l'êtes-vous ? »

Élise est bien obligée de reconnaître que non.

« Vous ne donnez pas de valeur à ce que vous ressentez, à ce que vous pensez, à ce que vous dites, ni même à ce que vous faites. Les autres vous traitent comme vous vous traitez. »

Comme Élise, beaucoup d'entre nous continuent de réclamer aux autres et en premier lieu à leur compagnon la reconnaissance qu'elles ne s'accordent pas à elles-mêmes. Je suis chaque fois sidérée de constater, dans le secret de mon cabinet, le peu de valeur qu'au-delà des apparences les femmes se donnent. Pas socialement, dans l'intimité. Que ce soit parmi mes patientes, mes amies ou les femmes que j'ai rencontrées lors de mon enquête, rares sont celles ayant une juste estime d'elles-mêmes. De leur corps, de leurs sentiments, de leurs émotions, de leurs besoins. De leur sexe. De ravissantes jeunes femmes me confient le trouver « sale » ou « dégueulasse » sans avoir subi le moindre traumatisme apparent. Le nombre de celles qui cherchent à maigrir, par conséquent à changer leur corps, est éloquent. Sans même parler de chirurgie esthétique. Même si elles sont brillantes et réussissent professionnellement, même si, extérieurement, elles connaissent leur pouvoir de séduction sur les hommes, ces femmes ne s'aiment pas. Pourquoi ?

La plupart des raisons ont été énumérées dans la première partie de cet ouvrage. À travers la femme, notre civilisation a dévalorisé les valeurs du féminin. Notre éducation nous a appris à dévaloriser notre corps au profit de notre intellect. À dévaloriser notre instinct et notre intuition au profit de la rationalité. Elle nous a appris à considérer la terre, la nature, le corps, les émotions, les sentiments, le lien, l'amour…

comme des valeurs secondaires au regard du travail, du mérite, de la loi, et surtout de l'argent. Elles ont été reléguées au second plan. Rabaissées. Souvent méprisées.

Or, ces valeurs du féminin, le corps de la femme les incarne. Que nous le voulions ou non, elles sont gravées dans notre chair. L'ouverture de notre sexe, notre vulnérabilité physique par rapport aux hommes, notre grâce symbolisent l'ouverture, la sensibilité, la vulnérabilité et la beauté cachée dans tout être humain.

Mépriser ces valeurs, c'est soi-même se mépriser.

Le regard du père

A contrario, oser se donner de la valeur, c'est d'abord oser réhabiliter nos valeurs féminines. Donner de la valeur à ce que nous sommes. À commencer par ce que nous ressentons. Il s'agit pour la plupart d'entre nous d'une véritable révolution. Il n'est pas possible de la faire en un jour, juste après avoir lu un livre. Il est nécessaire de procéder par étapes. Commencer à prendre conscience du système de valeurs que notre société nous a transmis et surtout des dégâts que ce système a occasionnés dans notre vie. Nous cherchons encore et toujours à travers les épreuves qui jalonnent notre vie d'adultes à réparer les blessures de l'enfance. Si vous le voulez bien, regardons-les ensemble...

C'est le père qui transmet à la petite fille les valeurs de la société dans laquelle elle vit. Il est la mesure de tout et en particulier d'elle-même. Son regard et le système de valeurs qu'il véhicule impriment en elle, comme dans une cire molle, le sentiment de sa propre valeur. En tout cas en tant que femme.

Par le passé, le père était souvent absent y compris s'il était physiquement présent. Dans ce cas, nous ressentons une sensation de manque, de vide, parfois même d'anéantissement. Nous ne le lui reprochons pas, nous nous en prenons à nous-mêmes. S'il ne s'intéresse pas à nous, c'est, pensons-nous, que nous ne le méritons pas. Plus tard, nous nous traiterons comme notre père nous avait traitées par le passé. Nous ne tiendrons pas compte de ce que nous ressentons, nous ne nous accorderons pas de valeur. Comme lui, nous n'en accorderons pas non plus aux valeurs féminines. Nous aurons appris à réprimer nos besoins.

Toute notre vie, nous serons à la recherche d'un regard masculin capable de remplir ce vide. Nous attendrons de l'homme l'amour, l'attention et la reconnaissance que notre père n'a pas pu nous donner. Souvent, c'est peine perdue. Béatrice, 36 ans, est hôtesse de l'air. Elle est mère d'une petite fille de 18 mois et vient de se séparer de son mari avec qui elle a pris conscience d'avoir répété la même relation qu'avec son père. Chez l'un comme chez l'autre, elle n'a jamais trouvé aucun soutien.

Quand j'étais enfant, il n'y avait que ses besoins à lui qui comptaient. Si par exemple mon père avait froid, j'étais censée avoir froid. Je me sentais frustrée en permanence. Je ne me sentais pas valorisée. J'avais l'impression d'être un petit bout de femme sans importance. Je ne comptais pas. C'était hyperdouloureux. D'autant que, pour lui, c'était normal. Souvent, il me fusillait du regard. Ou alors il m'ignorait. Aujourd'hui, je n'ai aucune estime de moi. Dans mes relations aux hommes, je suis souvent maltraitée.

Comme Béatrice, beaucoup d'entre nous ne se sont pas senties exister, faute d'être encouragées, confirmées par le regard de leur père.

Nous ne nous sommes pas autorisé à exprimer ni même à ressentir la colère pourtant légitime que nous pourrions éprouver contre lui. Nous l'avons retournée contre nous. Or, ce sont les émotions et les sentiments qui nous unifient, nous confèrent un sentiment de cohérence. Coupées de ces repères intérieurs, fondateurs, nous en chercherons à l'extérieur.

Nous sommes en quête de repères. Nous les cherchons en surface, dans les apparences et la séduction. Nous sommes alors vulnérables à la mode, esclaves du regard des autres. Pour certaines d'entre nous, les diktats des magazines féminins feront office de loi. D'autres entreront en guerre contre leur propre corps. Certaines se font refaire le nez, d'autres, les seins. La chirurgie esthétique est souvent une violence exercée contre nous-mêmes, jamais assez parfaites pour être dignes d'être aimées. Ce désir de perfection cache un profond manque d'amour de soi.

Manger trop ou trop peu est une autre manière de contrôler ou d'anesthésier nos sentiments de rejet, d'abandon, de solitude, de doute, d'anxiété, de peur ou de tristesse. La boulimie masque souvent un vrai besoin de lien authentique et valorisant avec autrui. Et l'anorexie un rejet profond de notre corps, de notre féminin.

Nous pourrions penser qu'à l'inverse, une fille ayant eu un père attentif et présent développe une bonne estime de soi et le sentiment de sa propre valeur. C'est souvent le cas. Pas toujours. Autrefois, les pères étaient souvent trop distants vis-à-vis de leurs filles. Aujourd'hui, la tendance s'est inversée. Beaucoup sont séparés, divorcés, peu heureux en ménage ou blessés dans leur vie amoureuse. La tentation pour eux est grande de reporter sur leur fille leurs besoins affectifs, de se dire : « Elle, au moins, ne me lâchera pas », « Avec elle, ce sera pour toute la vie » ou encore, après quelques années de vie commune, de négliger leur femme au profit de leur enfant. S'il est bon que les pères soient aujourd'hui de plus en plus proches de leur fille, il arrive qu'ils soient trop proches et développent alors avec elle une relation fusionnelle.

Ce lien-là ne nous donne pas non plus le sentiment de notre propre valeur. Bien au contraire. Si par exemple dans l'intimité notre père délaisse ou rabaisse sa femme, c'est comme s'il nous rabaissait car c'est à elle, en tant que femme, que nous allons nous identifier. Nous voyons se matérialiser sous nos yeux ce que notre père pense des femmes, l'image qu'il en a. Étant notre modèle, il nous apprend ainsi concrètement comment « il faut » traiter une femme. Comment nous traiter.

Nous notons les traits de caractère que notre père apprécie chez sa compagne, les attitudes qu'il encourage ou qu'il dédaigne[1], et c'est ainsi que nous découvrons quoi penser de notre féminité, la façon dont nous nous considérerons, notre foi en notre capacité d'être aimées.

Les pères qui délaissent leur femme au profit de leur fille enseignent paradoxalement à leur enfant à se sentir plus tard

1. Valérie Colin-Simard, *Pères d'aujourd'hui, filles de demain*, Anne Carrière, 2003.

elle aussi délaissée. Et dévalorise encore un peu plus aux yeux de leur fille les valeurs du féminin.

Si bien des femmes sont habitées par un profond sentiment de rejet vis-à-vis de leur propre corps, c'est aussi pour une raison dont presque personne ne parle. L'adolescence est le moment où une fille devient femme. Une période critique pour l'enfant aussi bien que pour son père. Qu'il ait été absent ou présent, il peut arriver que surgisse de sa part et à son grand embarras un désir sexuel envers elle. Même s'il s'agit d'une réaction physiologique normale, le père en ressent le plus souvent une grande honte et cette émotion peut souvent le conduire à interrompre brusquement tout contact avec sa fille. Du jour au lendemain, il la maintient à distance et celle-ci ne comprend pas pourquoi. Elle ne comprend pas non plus pourquoi elle se sent obscurément honteuse de son propre corps. Elle se sent en faute, imagine qu'elle ne mérite plus l'amour de son père. Même si elle n'en garde généralement aucune mémoire, cette blessure restera longtemps gravée dans son cœur et dans son corps. C'est un inceste à l'envers.

À l'arrivée, quoi d'étonnant à ce que beaucoup d'entre nous rejettent tout contact avec ce qui, en elles, est féminin ? Dans les cas extrêmes, nous rejetons notre mère, nous nous identifions exclusivement au père. Et, dans ce cas, réussissons souvent avec brio notre vie professionnelle et sociale. Souvent au détriment de notre vie privée.

Clotilde a 36 ans. Elle est célibataire et n'a connu qu'une seule histoire d'amour dans sa vie dont elle est sortie blessée.

Elle est au chômage depuis six mois et le vit très mal. Elle est en dépression. Nous sommes en train de travailler sur ses relations à sa mère.

À ma demande, elle me la décrit et je note scrupuleusement ce qu'elle me dit : « Très gaie, pleine d'énergie, positive, débordante, drôle, généreuse, artiste, élan d'amour désintéressé… »

Soudain, Béatrice bifurque et sans préambule me parle de sa visite dans un musée la veille avec une vieille dame. Celle-ci marchait à toute vitesse, presque sans s'arrêter sur les tableaux.

« Votre visage se crispe et votre voix devient tendue. Est-ce que cette vieille dame qui ne s'arrête pas sur les tableaux pourrait susciter chez vous de l'agacement voire de la colère ?

– Oui, tout à fait. »

Un temps. Elle reprend :

« Mais c'est parce que les vieilles dames… »

S'ensuit une longue théorie sur les vieilles dames en général. Je sens monter en moi de l'agacement et de la colère. J'en prends conscience et cela me fait sourire. Du coup, elle s'arrête.

« Vous avez envie de savoir pourquoi je souris ?

– Oui.

– Quand vous me parliez, je m'imaginais comme devant un tableau, en pleine contemplation de vos émotions et avec l'envie de les approfondir et de les comprendre. Or, vous êtes passée à toute vitesse sans vous y arrêter. Pour moi, c'était un tableau vivant. Je me suis sentie frustrée. Comme vous l'avez été au musée. J'aurais pu, comme vous, éprouver de l'agacement et de la colère. Ça vous fait quoi d'entendre cela ?

– Je me sens coupable. »

J'ouvre de grands yeux. Et me voilà l'espace d'un instant par ricochet coupable moi aussi de l'avoir mise dans la culpabilité. Je l'interroge :

« Vous seriez coupable de quoi ?

– De ne pas tenir compte suffisamment de mes émotions. Il faut que je tienne compte davantage de mes émotions. Je m'en sens incapable.

– Vous dites "il faut". Est-ce que vous en avez envie ? »

Elle dit oui faiblement. Fait une moue qui ressemble à du mépris. Je lui pose la question. C'est bien le cas.

« Une toute petite partie de vous a envie de tenir compte de ses émotions, une autre non. Vous voudriez me parler de la partie de vous qui les méprise ? »

Ses poings se serrent.

« Il y a des choses bien plus graves ! Les émotions, ce n'est pas important. D'ailleurs c'est à cause de mes émotions que je suis dans le pétrin. J'ai fait une grave erreur et j'ai pris une mauvaise décision. »

Béatrice avait quitté un job dans une grande entreprise à Paris pour aller travailler dans une entreprise du Midi qui, depuis, avait fait faillite.

« Parlez-moi davantage, si vous voulez bien, de ces émotions qui vous auraient été si néfastes.

– Ici, à Paris, c'est froid, inhumain, et j'y ai fait une carrière magnifique. Le Sud est un endroit gai, chaleureux, plein d'énergie positive… »

Nous avions bien des fois travaillé sur le côté froid, inhumain de son père, un chef d'entreprise que ses employés surnommaient « le monstre ».

« Vous êtes en train de me dire que, d'un côté, il y a une ville froide, inhumaine où vous faites une carrière conforme aux volontés de votre père et que, de l'autre, il y a un pays "gai, plein d'énergie positive, drôle"... »

Je prends ostensiblement la liste qui décrivait sa mère et la relis à haute voix. C'est son tour de sourire.

« Ce sont deux parties de vous qui sont aujourd'hui en guerre l'une contre l'autre. C'est à nous aujourd'hui de les faire dialoguer. »

De son propre aveu, le père de Béatrice éprouvait force mépris envers sa mère. De même, Béatrice éprouve du mépris pour ce qui, en elle, pourrait ressembler à une femme ou à des valeurs féminines : ses émotions, sa sensibilité, sans même parler de sa vulnérabilité. C'est pour la femme en elle qu'elle éprouve du mépris. Seules comptent les valeurs masculines : le travail, l'efficacité, la rentabilité, la compétitivité. Comme son père.

Désacraliser le père

Comme Béatrice, la plupart d'entre nous se voient encore aujourd'hui à travers le regard de leur père. Nous voyons le monde à travers lui. Son système de valeurs, nous l'avons fait nôtre. Ses valeurs sont nos valeurs. Ce sont nos fondations et elles sont ancrées profondément en nous. Peu d'entre nous sont allées les visiter. Sans même parler de les remettre en question. Même parmi celles qui ont déjà beaucoup travaillé sur elles-mêmes.

Viviane a 39 ans. Elle est psychothérapeute dans une petite ville du nord de la France. Elle a de nombreux patients auprès de qui elle obtient d'excellents résultats et s'étonne de tirer toujours le diable par la queue. Elle est systématiquement dans le rouge à la fin du mois. Cela fait des années qu'elle désire travailler pour des entreprises. Sans succès. Je lui demande :

« Quand tu dis désirer travailler à tout prix pour des entreprises, en réalité quel est ton désir ?

– Gagner de l'argent. Je ne gagne pas assez pour vivre.

– Et, au-delà de l'argent, quel serait ton réel besoin ?

– J'aurais besoin de la reconnaissance de mon travail.

– Reconnaissance de quoi précisément dans ton travail ?

– Je travaille avec mon cœur. Je travaille avec mes émotions et les émotions de mes patients. Je fais peu intervenir l'intellect.

– Qu'en penses-tu ?

– J'ai beaucoup d'admiration pour le travail intellectuel ou universitaire, ainsi que pour ceux qui travaillent dans des entreprises.

– Et que penses-tu de ceux qui travaillent avec le cœur, les émotions... ?

– C'est tout naturel. Donc cela n'a aucune valeur. »

Si Viviane ne reconnaît pas la valeur de ce qu'elle est, de ce qu'elle fait, comment peut-elle espérer que les entreprises le fassent ? À travers les hommes de l'entreprise, elle continue d'attendre une reconnaissance qui ne viendra jamais de l'extérieur.

Les principes que son père lui a transmis n'accordaient

aucune valeur au cœur, aux émotions, aux sentiments. À l'amour et à la façon dont il panse, soigne et guérit les plaies du cœur. À elle de choisir si elle veut réviser ce système de valeurs ou le garder.

Pas si simple. Son père en avait hérité de son propre père qui lui-même... Si Viviane abandonne ce système de valeurs au profit d'un autre, elle aura l'impression non seulement d'abandonner son père, mais de trahir sa famille tout entière.

De même que nous avons à nous libérer de l'emprise maternelle et à désacraliser la maternité, nous avons aussi à nous libérer de l'emprise paternelle et à désacraliser le père. Nous l'avons souvent idéalisé et, à travers lui, les institutions que lui-même admirait.

Nous avons à descendre notre père de son piédestal. À prendre suffisamment de distance par rapport à son regard. Et pouvoir choisir ensuite en notre âme et conscience nos propres valeurs.

Nous avons à poser nos bagages, à les ouvrir et à faire le tri entre les valeurs que nous désirons garder, celles que nous souhaitons relativiser, celles que nous désirons jeter. Nous avons la possibilité de choisir d'autres repères, plus proches de nous, plus conformes à nos besoins. Plus cohérents par rapport à ce que nous sommes et à ce à quoi nous croyons. Oser donner de la valeur au principe féminin, c'est se donner de la valeur à soi. Oser être femme.

Principe n° 7

Choisir d'aimer

Les psys ont remplacé les amis

Joseph, 34 ans, est chef d'orchestre. Il dit se satisfaire de la représentation imaginaire qu'il a de ses musiciens. Leur réalité ne l'intéresse pas. Il ne comprend pas pourquoi il attire tant les êtres authentiques et vrais alors que lui l'est si peu.

« Votre présence ici et la sincérité dont vous faites preuve dans votre travail me montrent une soif de vérité et d'authenticité de votre part, lui dis-je. Je peux imaginer qu'elle fonctionne comme un appel et attire les êtres authentiques et vrais.

– Oui, c'est exact, mais alors pourquoi est-ce qu'ensuite je les fuis ? »

Quand sa compagne vient chercher chez lui de la tendresse, me dit-il, cela réveille en lui de la violence. Il ne peut lui en donner que s'il le décide de lui-même. Il en a les larmes aux yeux.

« Vous pouvez mettre des mots sur ce que vous ressentez ?

– De la tristesse.

– De quoi êtes-vous triste ?

– De ma solitude.

– Et, en même temps, je remarque que vous ne me regardez pas. »

Il me jette un regard furtif :

« Vous pouvez me regarder en me disant : "Je me sens seul" ? lui dis-je.

– Je me sens seul. Je me sens surtout coupé de mes émotions. »

Je me sens touchée et le lui dit. Nous sommes en lien. Joseph comprend qu'en réalité, son besoin de contact et d'intimité est si grand qu'il pourrait laisser à l'autre toute la place. S'il entre en relation avec lui, il prend le risque, croit-il, de disparaître. De peur d'être envahi, il préfère donc empêcher l'autre de l'approcher. Pour se protéger.

« Ici, vous m'avez dit vous sentir en confiance, je pourrais facilement prendre toute la place. D'autant que je parle beaucoup aujourd'hui. Est-ce que vous pourriez avoir peur que je vous envahisse ?

– Là, aujourd'hui, non. »

Je lui demande s'il serait d'accord pour me dire si un jour il ressentait la moindre crainte :

« Vous savez, je l'aurais fait de toute façon ! dit-il d'un air de défi.

– Oui, et en même temps c'est différent. Si nous n'en avions pas parlé auparavant, vous m'auriez opposé de l'agacement, de la froideur ou de la colère et le contact entre nous aurait pu en être interrompu. Maintenant que vous m'avez confié ce que vous ressentiez et que je vous ai fait cette proposition, qu'il y a eu entre nous cet échange, ce serait au contraire de votre part un acte de confiance de me dire votre crainte. Je me sentirais alors plus proche de

vous. C'est une cocréation, une coconstruction que je vous propose, nous sommes en train de tisser ensemble un lien. »

Il ouvre des yeux ronds. Je lui demande :

« Qu'est-ce qui se passe pour vous ?

– C'est entièrement nouveau pour moi ce que vous me dites.

– Et ça vous inspire quoi ? »

Jusque-là, chaque fois que je lui demandais ce qu'il ressentait, il ne pouvait répondre. Cette fois-ci, il dit :

« De la joie, cela m'inspire de la joie. »

Parfois, comme Joseph, nous nous sentons seuls. En manque. Nos besoins d'empathie, d'intimité, de chaleur humaine ne sont pas satisfaits. À l'heure où SMS, e-mails et télévision remplacent souvent la parole, nous savons de moins en moins tisser de liens profonds, personnels, chaleureux, nourrissants pour l'autre et pour nous. Beaucoup d'entre nous sont devenus des handicapés relationnels.

Je ne parlerai pas du nombre alarmant de suicides chez les jeunes de moins de 25 ans, ni même des chiffres de vente d'antidépresseurs, anxiolytiques et autres psychotropes en Occident. Je souhaite rester centrée sur vous, sur nous, notre vie quotidienne. « Les hommes n'ont plus le temps de rien connaître. Ils achètent des choses toutes faites chez les marchands. Mais comme il n'existe point de marchands d'amis, les hommes n'ont plus d'amis », avait prophétisé Antoine de Saint-Exupéry. Nos amis et souvent aussi nos parents, comme nous, sont entraînés dans une course éperdue à la productivité, à la compétitivité. Ils n'ont plus le temps d'être attentifs. Ni eux à nous ni nous à eux.

La grande popularité dont nous jouissons aujourd'hui, nous les psychothérapeutes, est un des symptômes de cette désagrégation des liens. C'est comme si aujourd'hui les psys avaient remplacé les amis. Beaucoup viennent chercher chez nous à restaurer la confiance, la sécurité et la disponibilité nécessaires à la naissance de cette relation d'être à être qu'est l'intimité.

Joseph a un bon travail, une jolie femme, une magnifique petite fille. C'est comme s'il avait installé partout dans son jardin les bons tuyaux d'arrosage et que, chaque fois qu'il voulait s'en servir, il posait le pied dessus. Il s'est coupé de l'échange, coupé de la vie. Beaucoup de mes patients comme lui *ont* un travail. Ils *ont* parfois une compagne ou un compagnon. Ils *ont* un enfant. Ils *ont* de l'argent, une maison. Ils ne *sont* pas heureux et ne comprennent pas pourquoi.

Citoyens à part entière de notre société de consommation, ils ont tout misé sur l'avoir, valeur masculine. Au détriment de l'être, valeur féminine. Comme Joseph, ils souffrent de la distance qu'ils ont instaurée avec leur entourage. Ils veulent retrouver le chemin du cœur. Leur intimité.

Le mot « intimité » vient du latin *intimus* qui est le superlatif de *interior.* C'est donc ce qui est intérieur et profond, par opposition à ce qui est extérieur et superficiel. L'intimité est d'abord un cadre à l'intérieur duquel nous nous sentons suffisamment en sécurité pour être ce que nous sommes. Qu'il soit familial, thérapeutique, ou même parfois professionnel, il permet de descendre dans son intériorité et de l'explorer. Seul, à deux ou parfois à plusieurs.

En même temps, le mot est proche des verbes « intimer » (du latin *intimare* « introduire »), qui signifie donner un ordre, et « intimider ». L'intimité fait peur. Elle peut être synonyme d'intrusion. Trop de proximité et nous nous sentons envahis. Trop d'éloignement et nous nous sentons abandonnés.

Comment trouver la bonne distance ? La ou les limites ?

Par peur d'être envahis ou abandonnés, nous préférons souvent limiter les échanges profonds avec notre entourage. Faire comme si nous n'avions besoin de personne. Nous agissons souvent comme si nous étions des cellules isolées les unes des autres.

Ce n'est pas le cas.

Nous dépendons tous les uns des autres et c'est la nourriture nouvelle que nous nous apportons mutuellement qui nous permet de croître, grandir, évoluer, donner du sens à notre vie. L'intimité est un processus de croissance. Elle est aussi un apprentissage. Comme la nature qui, pour être commandée, doit être obéie, elle obéit à certaines règles et son fonctionnement est à l'image de celui de la cellule.

Deux biologistes chiliens[1] se sont demandé comment une cellule s'y prenait pour préserver son individualité tout en maintenant ses frontières ouvertes aux échanges nécessaires à sa croissance. Ils ont découvert que trois conditions étaient requises : 1. deux mondes différents et spécifiques ; 2. que leur interaction soit une danse au cours de laquelle, tout en restant soi-même, un monde interagit

1. Umberto Maturana et Francisco Varela, cités in Robert Neuburger, *Les Nouveaux Couples*, Odile Jacob, 1997.

sur l'autre ; 3. que le produit de cette interaction fasse naître un élément nouveau. Ces trois conditions pourraient bien nous indiquer aussi les règles nécessaires au bon fonctionnement de nos liens, comment créer de l'intimité.

Deux mondes différents

Avec Geneviève, j'avais la croyance que, pour être aimé, je devais d'abord répondre à ses besoins, parce que si je montrais ma vraie nature et mes besoins spécifiques, je ne serais pas aimable, confie Christophe, 41 ans, menuisier.

Nous confondons souvent intimité et fusion. L'intimité n'a rien à voir avec la relation fusionnelle. Dans cette dernière, l'un abdique sa personnalité au profit de l'autre. Les besoins et les désirs de l'un sont confondus avec les besoins et les désirs de l'autre. C'est l'équation 1 + 1 = 1. Un couple peut ainsi cohabiter des années sans avoir connu un seul moment de réelle intimité. L'un d'entre eux a tout simplement renoncé à ses désirs.

L'intimité n'est pas non plus la séduction (du latin *seducare*, « se détourner du droit chemin »). Être séduit, c'est se détourner de soi-même pour se centrer sur l'autre. Tout le contraire de l'intimité.

Je me suis aperçu au bout d'un an que je ne connaissais rien de Véronique, que je vivais avec l'image que je m'en faisais, reconnaît Jacques, 35 ans, dentiste.

Sortir de la fusion est la première étape sur le chemin de l'intimité. Cela passe souvent par la case conflit, seul moyen parfois de se différencier. De retrouver son individualité. Être capable d'intimité avec l'autre, c'est d'abord être capable d'intimité avec soi-même. D'entrer en contact avec son identité profonde. Connaître ses désirs, ses besoins, ses limites, ses valeurs. Sous peine de se laisser aspirer par ceux de son partenaire ou bien de ne pouvoir admettre les siens. Avoir trouvé en soi un centre capable d'accueillir et d'accepter la coexistence de toutes les parties de soi, même de celles dont nous pourrions avoir le plus honte.

L'intimité a besoin de limites. Nous devons être capables d'en défendre l'entrée aux intrus. De faire barrage. De dresser des frontières. Une fois de plus, valeurs masculines et féminines sont indissociables. Les unes ne peuvent s'exprimer sans que les autres soient bien présentes.

Mathilde, 23 ans, est vive, belle, pleine d'énergie. Elle n'a pas de repères et en cherche éperdument. Et, dans l'obscur espoir d'en trouver, a l'habitude de raconter sa vie, toute sa vie. À ses parents, à ses amis. C'est comme si elle nourrissait ainsi son entourage de son sang. Elle en sort exsangue et encore plus désorientée. Comme si elle était ouverte à tous vents et que chacun était autorisé à donner son point de vue sur elle, sur sa vie. Sa mère considérait comme une offense qu'elle ne lui raconte pas tout, qu'elle fasse le tri. Elle n'avait aucun jardin secret. Sa vie ne lui appartenait plus.

Nous découvrons ensemble que, malgré les apparences, Mathilde ne dévoile rien de son intimité profonde. Elle raconte, raconte, mais ne partage rien de ce qu'elle ressent.

Et pour cause, elle s'est coupée de ses émotions. C'est comme si elle avait enfermé son intimité au plus profond d'elle-même dans un coffre-fort dont elle aurait ensuite, pour plus de sécurité, jeté la clé.

Notre intimité est un territoire sacré où se révèlent nos valeurs profondes, nos réelles motivations. C'est là que nous pouvons nous retirer pour réfléchir, nous ressourcer. Elle est infiniment précieuse et c'est pourquoi il est tellement nécessaire de la protéger. C'est un jardin secret à l'intérieur duquel nous ne devrions laisser entrer personne qui n'ait montré patte blanche, c'est-à-dire un esprit de respect et de délicatesse. Avant d'en ouvrir la porte, mieux vaut s'assurer que l'autre est d'accord pour retirer ses chaussures, c'est-à-dire changer de démarche, laisser ses jugements au vestiaire.

L'intimité suppose écoute, respect, attention à l'autre. Échange. Elle nécessite confiance, ouverture, réciprocité, partage, communion et don de soi. Si nous ne croyons pas suffisamment à ces valeurs (féminines) pour pouvoir les défendre (valeurs masculines), notre intimité prend le risque d'être piétinée ou bafouée. Sur le plan psychologique, cela pourrait s'apparenter à un viol. Si en revanche ces valeurs sont bien présentes, l'intimité devient un authentique espace de liberté.

L'intimité, c'est comme une danse. *Une danse au cours de laquelle, tout en restant soi-même, un monde interagit sur l'autre.* Elle obéit à des conventions communes auxquelles les deux parties sont d'accord pour adhérer. C'est à cette condition que la danse sera harmonieuse et que les partenaires évolueront au même rythme : rock'n'roll, valse ou tango. La vraie intimité, c'est de partager les mêmes valeurs profondes. À défaut, beaucoup se contentent de partager les mêmes centres d'intérêt, voire les mêmes intérêts matériels, et c'est déjà bien. Lorsque nous partageons les mêmes valeurs profondes, nous pouvons être nous-mêmes dans toute l'étendue de notre imperfection car nous savons que ces valeurs sont seulement un but vers lequel tendre. Elles se vivent au quotidien jusque dans les plus petits événements de l'existence. Les couples qui se disputent parce que le tube de dentifrice n'est pas refermé pratiquent sans le savoir des guerres saintes. Ils se chamaillent pour défendre leur vision du monde[1]. Lorsque, en revanche, ces valeurs sont identifiées, nommées et partagées, nous créons alors un cadre suffisamment sécurisant pour pouvoir être nous-mêmes et nous exprimer.

Mathilde est venue en consultation ce matin. Elle me téléphone en début d'après-midi pour me demander un nouveau rendez-vous pour le lendemain. J'accepte. Elle ajoute :

« En fait, j'ai un rendez-vous important pour moi ce soir et j'aimerais bien revenir en fin de journée. »

Je réfléchis et réponds que je ne préfère pas. Le lendemain, elle est persuadée que je nourris plein de pensées négatives envers elle. Je lui demande lesquelles :

« Vous me trouvez envahissante. Vous pensez : "Elle pourrait quand même se débrouiller toute seule."

1. Scott Peck, *Le Chemin le moins fréquenté*, *op. cit.*.

– En somme, je vous reprocherais d'avoir besoin de moi donc d'être ma patiente... Voulez-vous que je vous dise comment je me sentais après votre appel d'hier ?

– Oh oui !

– Je me sentais bien avec la réponse que je vous ai faite car je vous savais capable de vous débrouiller seule et il fallait que vous aussi vous en preniez conscience. Qu'est-ce que cela vous fait d'entendre cela ?

– Cela me rassure un peu. Mais vous avez bien quand même de temps en temps des pensées négatives envers moi...

– J'ai beau chercher, je n'en trouve aucune.

– Je ne vous crois pas ! Si vous n'éprouvez aucune pensée négative, c'est que vous êtes une sainte... Comment voulez-vous que je ne vous idéalise pas ? »

J'explique à Mathilde que c'est le cadre de la psychothérapie qui me sécurise. Grâce à ce cadre, qu'elle a accepté, je me sens suffisamment en sécurité pour pouvoir accueillir tout ce qui vient. Ces règles communes sont destinées à lui permettre, à elle aussi, de s'exprimer en toute liberté. Mathilde comprend. Cette fois-ci, elle est entièrement rassurée.

Bien entendu, le cadre d'une psychothérapie est spécifique et destiné à un travail sur soi. Si je le prends comme exemple, c'est qu'il a le mérite d'être nommé et exprimé clairement. Ce n'est plus le cas du cadre dans lequel évoluent par exemple aujourd'hui les couples et cette confusion provoque bien des incertitudes et des tiraillements.

L'opposé de l'amour n'est pas la haine, c'est la peur. À cause d'elle, nous sommes souvent cadenassés dans nos pensées et par conséquent parasités par nos émotions négatives. Oser l'intimité, c'est oser ouvrir une brèche dans le mur de nos peurs. Traverser la crainte d'être envahi, de l'intrusion, de l'abus de pouvoir, mais aussi celle de la dépendance. Prendre le risque de ne pas être aimé en retour. Accepter, étape après étape, de faire confiance à autrui. L'intimité s'appuie sur des besoins universels : d'authenticité, de vérité, de sincérité.

L'intimité n'est pas la transparence. Une trop grande proximité peut la ruiner. Dans les années 1970, de nombreux architectes ont abattu les cloisons et construit des parois transparentes entre les bureaux, détruisant ainsi du jour au lendemain toute barrière visuelle. En réalité, lorsqu'ils sont toute la journée exposés à la vue les uns des autres, les salariés sont plus désireux de garder leur quant-à-soi. De créer de la distance. Le silence devient leur seule protection. Il a été montré[1] que plus les gens ont de barrières tangibles entre eux, plus ils se rapprochent. Moins ils en ont, plus ils s'éloignent.

Il est souvent dit que la femme a besoin d'intimité pour apprécier la sexualité, que l'homme a besoin de sexualité pour apprécier l'intimité. La sexualité peut aussi être une entrave à l'intimité. Pour bien des couples, c'est le moment où ils cessent de tisser des liens[2]. Elle est alors le moyen d'éviter un vrai partage, non seulement des corps, mais des âmes. Sans amour, cette union est illusoire et les personnes

1. Richard Sennet, *Les Tyrannies de l'intimité*, Seuil, 1979.
2. Steven Carter, *La Peur d'aimer*, Éd. de l'Homme, 1999.

redeviennent ensuite aussi étrangères l'une à l'autre qu'elles l'étaient auparavant. Les frontières se sont ouvertes trop vite. Elles se referment aussitôt. L'intimité n'est donc pas synonyme de sexualité. Dans le meilleur des cas, elle en est une manifestation.

L'intimité, ce n'est pas non plus tout se dire. Cela peut au contraire être brutal et même aller jusqu'à détruire l'autre comme dans le cas où un mari, pour se décharger de sa culpabilité, dit à sa femme qu'il l'a trompée ou réciproquement. D'autres vont utiliser leur interlocuteur comme une poubelle, pour se vider de leurs angoisses. Comme s'il était leur psy. D'autres encore vont se mettre à nu devant lui sans que cela lui soit spécialement destiné.

C'est faire comme si l'autre n'existait pas ou qu'il était seulement un miroir dans lequel s'admirer. C'est le propre du narcissisme. Il traite les autres ainsi que son propre corps comme on traite habituellement un objet.

C'est au contact de son environnement que la personnalité narçissique a appris à se comporter en objet. À être utilisée. Le plus souvent pour valoriser ses parents. Pour justifier son existence, elle se devait par exemple d'être grandiose. Plus tard, elle reproduit le même mouvement avec son entourage. Toute relation doit lui servir, lui être utile. Elle ne connaît pas le désintéressement et la gratuité. Nous voyons un bon exemple de ce narcissisme dans les émissions de télé-réalité du type *Loft Story*. Dans le même esprit, si une confidence peut être un cadeau fait à l'autre, un acte de partage et de confiance, elle peut être aussi une façon de se faire prendre en charge ou de se valoriser. Dans ce cas peut s'instaurer, en lieu et place d'intimité, une relation de pouvoir ou de domination.

Jeanne est assise en face de moi. À chaque séance se reproduit le même scénario. Elle parle en regardant à droite, à gauche, en l'air, jamais en me regardant dans les yeux. Cela m'intrigue. Jusqu'au jour où je le lui fais remarquer :

« C'est comme si vous n'aviez pas le droit d'exister en même temps que moi. Soit c'est vous, soit c'est moi. »

Jeanne a une grande sœur qui, depuis sa naissance, lui voue une haine farouche :

« Oui, dans toutes mes relations, j'ai tendance à m'oublier. Si je pense à l'autre, je ne pense plus à moi. »

Pour accueillir l'univers de l'autre, mieux vaut que le sien soit suffisamment structuré. Seules les personnes dotées d'une solide dose d'amour de soi sont capables d'ouvrir leur cœur à l'autre sans se laisser vampiriser, posséder ou dévorer. Si notre maison n'est pas encore suffisamment solide, elle risque, sous le poids de l'autre, de s'effondrer.

Certains gardent en permanence le cœur grand ouvert, ne savent plus comment en fermer la porte et s'étonnent qu'il ressemble ensuite à un champ dévasté. D'autres, de peur de souffrir, le gardent fermé et ne savent plus comment l'ouvrir à nouveau. Le cœur est un muscle à exercer en permanence. Ouvrir, fermer, ouvrir, fermer…, c'est ainsi que nous retrouvons notre espace de liberté.

L'intimité, c'est pouvoir faire attention à l'autre sans se perdre de vue. Savoir faire attention à soi sans que ce soit aux dépens de l'autre. L'intimité, c'est construire avec l'autre une relation qui permet aux deux parties d'être elles-mêmes tout en étant aimées. C'est une cocréation.

L'intimité, un chemin vers l'amour

La vraie intimité permet l'émergence d'un élément nouveau. Elle est un chemin vers l'amour. Je ne parle pas ici exclusivement de la relation amoureuse. Toute forme de relation, filiale, amicale ou même professionnelle, est comme un canal, susceptible de le laisser par instants circuler.

Qu'est-ce que l'amour ? Indépendamment de tout aspect religieux, la meilleure définition selon moi est celle de saint Paul[1]. Si je reprends ses propres termes, l'amour est patient, serviable, n'est pas envieux, ne se vante pas, ne se gonfle pas d'orgueil, ne fait rien de malhonnête, n'est pas intéressé, ne s'emporte pas, n'entretient pas de rancune, ne se réjouit pas de voir l'autre dans son tort, mais se réjouit au contraire avec celui qui a raison ; supporte tout, a confiance en tout, espère tout, endure tout. Il ne passe jamais.

Nous pouvons connaître de brefs moments d'intimité avec autrui, comme une porte qui s'entrouvre l'espace d'un instant pour se refermer aussitôt. Il est également possible, après des années de mariage, de ne jamais l'avoir rencontrée. Et c'est dommage car l'intimité est un baume qui répare et qui guérit.

L'intimité est un long chemin. Elle se tisse fil à fil, à la

1. Première Épître aux Corinthiens, XIII, 4-8.

manière artisanale. Si elle peut parfois devenir une œuvre d'art, elle ne peut être donnée d'emblée. Elle demande du temps, au moins celui d'instaurer la confiance. « Déshabillez-moi, mais pas trop vite, mais pas tout de suite… », chantait Juliette Gréco.

Pourtant, parfois, nous rencontrons un être que nous avons l'impression de connaître depuis toujours. C'est le coup de foudre. Qu'il soit amical, amoureux ou même parfois professionnel. Je compare ce moment à une expérience spirituelle telle que la racontent les mystiques. La vision de Dieu, de l'univers, de la vie leur est donnée en un éclair, comme pour leur montrer la direction à prendre. Puis le ciel se referme et c'est à la sueur de leur front, parfois dans la douleur, qu'ils doivent par eux-mêmes retrouver le chemin.

Il pourrait bien en être de même pour nous. C'est comme si, au moment magique du coup de foudre, nous étions habités par l'amour, l'amitié, la bienveillance, la confiance. Comme si tous les voiles derrière lesquels nous nous dissimulons d'habitude, d'un coup, se dissipaient. Contrairement aux idées reçues, il est nécessaire d'aimer quelqu'un pour le connaître, pas de le connaître pour l'aimer. C'est seulement si nous l'aimons que l'autre nous ouvre ses portes et nous montre qui il est vraiment, tout au fond de lui, au-delà des apparences. Son meilleur jour. Il se dévoile.

Si nous portons sur lui des jugements de valeur, si nous lui faisons des reproches ou des critiques, il se referme et nous ne voyons plus de lui que sa carapace extérieure. Nous oublions notre première impression qui, pourtant, était la bonne. Les voiles se reforment et recouvrent la réalité profonde que nous avions un temps entraperçue. La relation se désagrège. Comme Orphée, nous sommes obligés d'aller chercher notre Eurydice au fond des enfers. Nous devons vaincre les démons du découragement, de la lassitude, de la tentation. Et si nous persévérons et seulement si nous persévérons, nous pourrons peut-être rencontrer de nouveau la vision des premiers temps.

Il y a de nombreuses idées reçues sur l'amour. L'une d'elles est l'opinion selon laquelle l'amour est d'emblée heureux et facile. Cette idée avait son sens lorsque deux patrimoines s'unissaient. Le but était clair : se construire une sécurité matérielle, éduquer les enfants. Dans cette optique, si un désaccord survenait entre les époux, mieux valait mettre son mouchoir dessus. Faire comme si de rien n'était. L'amour ? Il était secondaire et se vivait le plus souvent en dehors des liens du mariage. En dehors de toute réalité.

Aujourd'hui, c'est comme si nous avions à faire descendre l'amour sur terre, à l'incarner au quotidien. Nous voulons que nos mariages reposent sur l'amour, seulement sur l'amour. Or, l'amour, lui aussi, demande du travail. Et même beaucoup de travail. Non plus matériel, mais psychologique.

Il faut savoir que les sentiments négatifs martèlent notre sensibilité de façon bien plus intense que les sentiments positifs[1]. Le malheur s'impose, hurle, fait intrusion dans nos vies. Le bonheur, lui, est un processus. Il se cultive comme un jardin. Éliminer une à une ses mauvaises herbes

1. Stefan Klein, *Apprendre à être heureux*, *op. cit.*

demande de la patience. Un ouvrage de l'âme que peu d'entre nous sont disposés à entamer.

Le bonheur demande des efforts. Ce qui est vrai pour une relation amoureuse l'est aussi, à plus petite échelle, de toute relation d'intimité avec autrui. Les liens que nous créons nous structurent. Ils font désormais partie de notre identité.

Oser l'intimité, c'est oser avancer sur la route de l'amour. Un amour fondé sur des valeurs communes, ancré dans le passé par des souvenirs communs, dirigé vers le futur avec des projets partagés. À ce stade, l'intimité est communion. Communiquer n'est pas communier. Dans un cas, nous partageons des informations ; dans l'autre, des émotions et des sentiments. Dans notre société, la communication a souvent remplacé la communion. Nous nous privons ainsi du seul espace de liberté authentique.

Paradoxe : nous sommes aussi dépendants de ceux que nous aimons. Oser l'intimité, c'est oser la dépendance, et la dépendance, comme la plupart des autres valeurs dites « féminines », a mauvaise presse. À force de ne vouloir dépendre de personne, nous nous autorisons de moins en moins de liens.

« C'est compulsif, me dit Mathilde, de vouloir prendre rendez-vous avec vous » ou encore : « Mes relations avec mon père, me dit-elle, sont pathologiques ». En effet, sa relation à son père est aujourd'hui le seul lien qu'elle s'autorise, elle est donc dans une dépendance absolue vis-à-vis de lui. En ce sens et en ce sens seulement, elle est pathologique.

Mathilde accepte désormais de créer un autre lien. Avec

moi. Et trouve ainsi la force intérieure, en s'appuyant sur ces deux liens, d'en créer d'autres, sans pour autant mettre une croix, comme elle le faisait auparavant, sur ce qu'elle ressent. Plus nombreux seront ses liens, plus sa dépendance vis-à-vis d'eux sera relative.

Dépendre d'une seule personne est une dépendance absolue. C'est comme une drogue. Entretenir de nombreux liens, à condition qu'ils soient de qualité, c'est n'être esclave d'aucun. Plus nous tisserons des liens profonds, authentiques et vrais, plus nous en deviendrons libres.

L'autonomie, l'indépendance sont des valeurs masculines. Ce sont des valeurs en vogue. La dépendance, elle, est méprisée. Résultat : beaucoup de mes patients, obligés de devenir autonomes trop tôt, n'ont pu assouvir étant enfants un besoin légitime. Ils se comportent de façon autonome mais, sous peine de s'en sentir trop dépendants, ne peuvent créer de liens. Ils savent que, profondément, ils aspirent à vivre ce qu'ils n'ont pas pu vivre par le passé. Tiraillés entre deux mouvements contraires, ils sont paralysés.

Dans le cadre sécurisant d'une psychothérapie, ils peuvent – pas toujours – assouvir ce besoin de dépendance qui, une fois dépassé, les conduira ensuite à une réelle capacité d'autonomie. Ils savent que je ne suis qu'une étape sur leur chemin. La dépendance qui se crée avec un psychothérapeute est provisoire. Elle est souvent comme une béquille indispensable pour réapprendre à marcher. À se lier sans se renier.

Oser l'intimité, c'est apprendre à faire confiance et à se

faire confiance. C'est enlever les blocages qui empêchent de prendre conscience de la présence de l'amour dans nos vies. L'intimité est une valeur. Une relation d'être à être. C'est pourquoi elle est notre seul réel espace de liberté.

Conclusion

La femme n'est pas seulement l'avenir de l'homme, elle est aussi notre avenir à nous. Nous avons encore du mal, nous l'avons vu, à concilier notre personnalité active, conquérante, dominatrice, performante, utile et efficace, avec notre versant féminin. Être femme est un chemin. Il nous reste aujourd'hui à rencontrer notre nature profonde, faite de joie, de foi en la vie, valeurs qui paraissent encore désuètes et secondaires et méritent pourtant que nous nous battions (valeurs masculines) pour elles. Que nous les défendions.

Si j'osais (moi aussi), je lancerais un appel aux femmes du monde entier. Je leur demanderais d'oser se réapproprier ces valeurs dans leur vie. D'oser le vide, la lenteur, l'amour de soi, la gratuité, sans besoin d'être utiles, parfaites. D'oser le respect de soi, nécessaire au respect de l'autre, d'oser donner la priorité à la vie. Elles n'en seront que plus « utiles », « productives ». Autrement. Si j'osais, je leur dirais : « Femmes de tous pays, unissez-vous. » C'est en respectant vos valeurs profondes que tout naturellement vous les propagerez autour de vous comme une flamme. Et à chaque instant de votre vie quotidienne.

Alors vous ne serez plus seulement dans la séduction. Vous ne serez plus seulement utiles, vous ne serez plus seulement efficaces, ni même seulement tendres et compassionnelles. Et vous ne serez plus seulement de merveilleux outils au service du dieu économie. Vous serez au service de la vie. Vous serez – nous serons – des êtres humains à part entière. Pas seulement mères, pas seulement filles, pas seulement hommes. Nous serons aussi, enfin, femmes.

Ce qui est vrai à l'échelle individuelle est également vrai à l'échelle collective. Les valeurs du féminin nous sont indispensables et nous sommes en train d'en prendre conscience. Elles sont aujourd'hui de plus en plus présentes dans tous les domaines[1]. Je citerai ici un seul exemple : la médecine. Aux États-Unis, une vingtaine parmi les plus grands hôpitaux américains ont décidé de créer des centres de médecine parallèle. En complément de la cure classique, le patient reçoit dans le cadre hospitalier des soins inspirés d'anciennes traditions[2] et de récentes découvertes de la psychologie et du développement personnel : acupuncture, yoga, méditation, massages, visualisation, nutrition. L'âme et la raison s'unissent enfin pour se mettre au service de la vie.

Nous sommes en train de sortir d'un mode de pensée bancal, boiteux. Les valeurs de Dieu vu seulement comme Père tout-puissant, même si elles avaient du bon, engendraient des médecins tout-puissants, des hommes politiques

1. Lire sur ce sujet un chapitre inédit sur www.valeriecolin-simard.com.

2. Voir par exemple Lewis Mehl-Madrona, *La Médecine narrative*, trad. Olivier Clerc, Guy Trédaniel, 2008.

tout-puissants ou des patrons tout-puissants. Et si nous n'étions pas tout-puissants, nous nous sentions faibles, démunis, voire anéantis face à ceux qui, eux, semblaient l'être. Nous sombrions dans la culpabilité. Nous n'avions d'autre issue que la rébellion ou la révolte, la folie ou la clandestinité. En face des valeurs de Dieu (tel qu'il était perçu), il n'y avait aucun contre-pouvoir. En face de la Loi, rien. En face de ce Dieu-là, l'être humain n'était que poussière. Il ne nous restait plus qu'à nous soumettre à la fatalité.

Certes, pour les chrétiens, Dieu s'était fait homme. Il avait daigné s'incarner. Heureusement, car ils ont ainsi pu concrétiser leurs valeurs sur terre. Ils ont bâti des empires, construit des maisons, des châteaux et des forteresses.

Tout se passe comme si nous commencions à prendre conscience seulement aujourd'hui que le corps, la matière, la terre, les émotions, le lien aux autres, la vie intérieure, l'être humain, l'amour sont tout aussi importants que l'intellect, le ciel, la raison, la politique, la collectivité.

Dans les années qui viennent, nous allons même peut-être – par la force des choses – être obligés de nous incliner bien bas devant la déesse Terre. De lui demander pardon de l'avoir si longtemps méprisée, exploitée. D'implorer sa pitié.

Autre exemple : les dernières découvertes de la physique quantique réunissent enfin ce que Descartes (ou plutôt ce que nous en avons fait) avait séparé[1]. Elles nous révèlent

1. Bruce H. Lipton, *Biologie des croyances*, Ariane, 2006.

comment l'esprit, pourtant immatériel, peut avoir une incidence sur notre corps physique. Cette nouvelle compréhension des mécanismes de l'univers nous apprend qu'un observateur est forcément partie prenante, par la seule présence de son regard, du phénomène qu'il observe. Un observateur en réalité est toujours un participant. Le règne des experts tout-puissants est en train de s'effondrer.

Inversement, Antonio Damasio[1], professeur de neurobiologie à l'université de l'Iowa, a démontré que l'édifice de notre intellect reposait sur la base de notre équilibre émotionnel. Si nous voulons agir de façon raisonnable, a-t-il prouvé, il faut nous mettre à l'écoute de nos sentiments profonds. Ce ne sont pas nos émotions qui perturbent notre raison comme beaucoup d'entre nous le croyaient et comme certains le croient encore, mais bien notre manque d'émotions.

Les valeurs de l'être, de l'humain, du développement personnel, de la psychologie, de l'irrationnel sont de plus en plus respectées. Nombreux sont ceux qui ont compris qu'émotion et raison sont les deux piliers de la sagesse. À égalité.

Aujourd'hui, la voie est tracée. Les germes d'une nouvelle manière de vivre et de penser apparaissent. Nous sommes en train de nous réapproprier – non sans heurts – notre puissance personnelle, celle de David contre Goliath. Si un battement d'ailes de papillon peut provoquer une tornade à l'autre bout du monde, notre simple présence, si elle s'enra-

1. Antonio Damasio, *L'Erreur de Descartes : la raison des émotions*, Odile Jacob, 1997.

cine aussi dans l'être, pas seulement dans l'avoir, peut faire bouger la planète.

Le féminin s'incarne en chacune et chacun de nous. Il n'est pas seulement une mère. Il ne cherche pas à vouloir tout dominer, contrôler, régenter. Il n'abuse pas de son pouvoir. Il est à l'écoute de ce qu'il ressent. À l'écoute de ce que dit son corps. De ce que dit la terre. Il accompagne et surfe sur le mouvement de la vie.

Les héroïnes qui l'incarnent ? Ce pourrait être l'Américaine Erin Brockovich (personnage bien réel immortalisé au cinéma par Julia Roberts) qui, sans le moindre diplôme, a pu, parce qu'elle a suivi son cœur, se montrer plus puissante qu'une multinationale américaine. Ce pourrait être aussi Bridget Jones qui, en montrant à tous sa vulnérabilité, a su conquérir le cœur du monde entier (ou presque). En France, ce serait... Amélie Poulain qui sait savourer des plaisirs simples comme faire craquer la crème brûlée avec une cuillère, se promener sous le soleil de Paris, faire des ricochets sur le canal Saint-Martin, ou essayer de deviner combien de couples parisiens ont un orgasme à chaque instant (« Quinze ! » lance-t-elle à la caméra). Elle véhicule la joie. Par sa simple présence, elle change le monde dans lequel elle vit.

Elle s'incarne aussi à travers les millions de gens qui chaque jour, dans l'anonymat et dans le monde entier, se battent contre la maladie et la mort. Non pas seulement à coups de médicaments assénés par des médecins même hypercompétents, mais en cherchant à se réconcilier avec leur corps, à se réapproprier leur destin. Elle s'incarne encore à travers des hommes comme Marshall Rosenberg qui nous montrent chaque jour comment faire de nos fragilités une force.

Nous sommes tous bien plus puissants et puissantes que nous le croyons. À condition de chercher cette puissance à l'intérieur et non à l'extérieur de soi. Comme une source. À condition de creuser, creuser encore, aller en profondeur, traverser les brumes de la confusion, les écueils du découragement et parfois un océan de larmes. Là seulement nous la trouverons. À condition d'accepter de prendre appui sur nos fragilités, nos liens aux autres, et de faire confiance au processus de la vie.

Dans le même esprit, c'est seulement grâce au soutien de chacun et chacune d'entre vous que je pourrai continuer d'explorer ce chemin. J'ai besoin de votre témoignage. Si ce livre résonne pour vous, je vous invite à venir me raconter votre histoire sur www.valeriecolin-simard.com. Je vous y attends.

Si ce livre vous a touché,
venez vous aussi témoigner sur

www.valeriecolin-simard.com

Bibliographie

Abbott Raylene, *L'Émergence de la Femme divine*, Véga, 2006.
Abécassis Éliette, Bongrand Caroline, *Le Corset invisible*, Albin Michel, 2007.
Agacinski Sylviane, *Métaphysique des sexes*, Seuil, 2005.
Aguzou Corinne, *La Révolution par les femmes*, Tristram, 2006.
Amnesty International, *Les Violences faites aux femmes en France : une affaire d'État*, Autrement, 2006.
Ancelin Schützenberger Anne, *Aïe, mes aïeux !*, Desclée de Brouwer, 1993.
Ansembourg Thomas d', *Cessez d'être gentil, soyez vrai !*, Éditions de l'Homme, 2001.
Ansembourg Thomas d', *Être heureux, ce n'est pas nécessairement confortable*, Éditions de l'Homme, 2004.
Apfeldorfer Gérard, *Les Relations durables*, Odile Jacob, 2004.
Aubert Nicole, *Le Culte de l'urgence : la société malade du temps*, Flammarion, 2004.
Badinter Élisabeth, *L'Amour en plus*, Flammarion, 1980.
Badinter Élisabeth, *XY*, Odile Jacob, 2004.
Badinter Élisabeth, *L'un est l'autre*, Odile Jacob, 2002.
Badinter Élisabeth, *Fausse route*, Odile Jacob, 2003.

Barjot Frigide, *Manuel de survie de la femme moderne*, Presses de la Renaissance, 2007.

Beauvoir Simone de, *Le Deuxième Sexe*, Gallimard, 1949.

Bensaid Catherine, Leloup Jean-Yves, *Qui aime quand je t'aime ?*, Albin Michel, 2005.

Boisredon Marianne de, *Inventer une Économie yin & yang*, Presses de la Renaissance, 2006.

Bologne Jean-Claude, *Histoire du mariage en Occident*, J.-C. Lattès, 1995.

Braconnier Alain, *Les Filles et les Pères*, Odile Jacob, 2007.

Brard Véronique, *La Vulnérabilité, clé des relations*, Le Souffle d'Or, 2003.

Bushong Carolyn N., *Être heureux à deux : les sept erreurs à éviter*, Anne Carrière, 2000.

Canault Nina, *Comment paye-t-on les fautes de ses ancêtres ?*, Desclée de Brouwer, 1998.

Capra Fritjof, *Le Tao de la physique*, Sand, 1985.

Carter Steven, *La Peur d'aimer*, Éditions de l'Homme, 1999.

Carter Steven, Sokol Julia, *Ces hommes qui ont peur d'aimer*, Éditions de l'Homme, 1990.

Chapot Dominique, *Et si on choisissait d'être heureux !*, Seuil, 2006.

Chapsal Madeleine, *L'Exclusion*, Fayard, 2007.

Chevalier Jean, Gheerbrant Alain, *Dictionnaire des symboles*, Robert Laffont, 1997.

Chödrön Pema, *Pour faire la paix en temps de guerre*, La Table ronde, 2007.

Cohen Daniel, *Nos temps modernes*, Flammarion, 2000.

Covey Stephen R., *Les Sept Habitudes des familles épanouies*, First, 1998.

Csikszentmihaly Mihaly, *La Créativité*, Robert Laffont, 2006.

Cyrulnik Boris, *Parler d'amour au bord du gouffre*, Odile Jacob, 2004.

Cyrulnik Boris, *De chair et d'âme*, Odile Jacob, 2006.

Decerf Anne, *À quoi rêvent les petites filles ?*, Payot, 2006.

Dejours Christophe, *Souffrance en France*, Seuil, 1998.

Delporte Henri, *L'Image de la femme dans l'art préhistorique*, Picard, 1979.

Desjardins Arnaud, *Les Chemins de la sagesse*, La Table ronde, 1972.

Desjardins Arnaud, Véronique Loiseleur, *L'Audace de vivre*, La Table ronde, 1999.

Desjardins Arnaud, *Pour une vie réussie, un amour réussi*, Pocket, 2006.

Desmeuzes-Balland Sylvette, *Mère-fils, une relation malmenée*, L'Archipel, 2007.

Despentes Virginie, *King Kong théorie*, Grasset, 2006.

Deunov Peter, *Le livre de l'Éveil*, Ultima, 2006.

Devienne Émilie, *Être femme sans être mère*, Robert Laffont, 2007.

De Waal Frans, *Le Singe en nous*, Fayard, 2006.

Dominici Christophe, *Bleu à l'âme*, Le Cherche Midi, 2007.

Drewermann Eugen, *La Parole qui guérit*, Cerf, 1991.

Duby Georges (dir.), *Amour et sexualité en Occident*, Seuil, 1991.

Ducrocq Anne, *Le Courage de changer de vie*, Éditions Le Relié, 2003, Albin Michel, 2004.

Ducrocq Anne, *Béthanie ou l'art de guérir*, Presses de la Renaissance, 2006.

Dufourmantelle Anne, *La Femme et le Sacrifice*, Denoël, 2007.

Dujarier Marie-Anne, *L'Idéal au travail*, PUF, 2006.

Eliacheff Caroline, Heinich Nathalie, *Mères-filles*, Albin Michel, 2002.

Emmanuel François, *La Question humaine*, Stock, 2000.
Emoto Masaru, *Les Messages cachés de l'eau*, Guy Trédaniel, 2004.
Ernaux Annie, *Une passion simple*, Gallimard, 1992.
Ernaux Annie, *Se perdre*, Gallimard, 2001.
Évagre le Pontique, *Praxis et gnosis*, Albin Michel, 1992.
Evans Richard, *Entretiens avec Carl Gustav Jung*, Petite Bibliothèque Payot, 2002.
Ferguson Sarah, *Mon histoire*, J.-C. Lattès, 1996.
Ferrucci Piero, *L'Art de la gentillesse*, Robert Laffont, 2007.
Fitremann Jean-Michel, *ABC de la sexualité*, Grancher, 2002.
Flaumenbaum Danièle, *Femme désirée, femme désirante*, Payot, 2006.
Flipo Claude, *Hommes et femmes du Nouveau Testament*, Seuil, 2006.
Florant Olivier, *Ne gâchez pas votre plaisir, il est sacré*, Presses de la Renaissance, 2006.
Forward Susan, *Le Chantage affectif*, InterÉditions, 1998.
Forward Susan, *Quand le prince n'est plus charmant*, InterÉditions, 1999.
Frankel Lois P., *Ces filles sympas complexées par l'argent*, Village mondial, 2006.
Frazer James George, *Le Rameau d'or*, Robert Laffont, 1983.
Fromm Erich, *L'Art d'aimer*, Desclée de Brouwer, 1968, 1998, 2007.
Fromm Erich, *L'Art d'être*, Desclée de Brouwer, 2000.
Gange Françoise, *Avant les dieux, la Mère universelle*, Alphée, 2006.
Gange Françoise, *Jésus et les femmes*, Alphée, 2005.
Gaulejac Vincent de, *La Société malade de la gestion*, Seuil, 2005.
Giampino Sylviane, *Les mères qui travaillent sont-elles coupables ?*, Albin Michel, 2000.

Ginger Serge, *La Gestalt, une thérapie du contact*, Hommes et Groupes éditeur, 2000.
Giroud Françoise, Lévy Bernard-Henri, *Les Hommes et les Femmes*, Olivier Orban, 1993.
Grafeille Nadine, Bonierbale Mireille, Chevret-Measson Marie, *Les Cinq Sens et l'Amour*, Robert Laffont, 1983.
Gray John, *Les hommes viennent de Mars, les femmes de Vénus*, Michel Lafon, 1997.
Green Liz, Howard Hasportas, *Les Luminaires*, Éditions du Rocher, 1992.
Grosjean Daniel, Sauzède Jean-Paul, *Trouver la force d'oser*, InterÉditions, 2006.
Groult Benoîte, *La Touche étoile*, Grasset, 2006.
Hannah, *L'Emprise*, Privé, 2006.
Heim Pat, Murphy Susan, *La femme est un loup pour la femme*, Payot, 2004.
Hendlin Steven J., *Les Pièges de la perfection*, Anne Carrière, 1993.
Héritier Françoise, *Masculin/féminin, la pensée de la différence*, Odile Jacob, 1996.
Hirigoyen Marie-France, *Le Harcèlement moral*, Syros, 1998.
Jung Carl Gustav, *Psychologie et religion*, Buchet-Chastel, 1960.
Kaufmann Jean-Claude, *Agacements*, Armand Colin, 2006.
Kelen Jacqueline, *Marie-Madeleine, un amour infini*, Albin Michel, 1982.
Kimura Doreen, *Cerveau d'hommes, cerveau de femmes ?*, Odile Jacob, 2001.
Klein Stefan, *Apprendre à être heureux*, Robert Laffont, 2005.
Kovalesky Eugraph, *Le Verbe incarné*, Patrimoine, 1985.
Kovalesky Eugraph, *La Quête de l'esprit*, Albin Michel, 1993.
Kristeva Julia, *Le Génie féminin, Hannah Arendt*, Fayard, 1999.
Kristeva Julia, *Le Génie féminin, Colette*, Fayard, 2002.

Kristeva Julia, *Le Génie féminin, Melanie Klein*, Fayard, 2000.
Kristeva Julia, *La Haine et le Pardon*, Fayard, 2005.
Lacroix Michel, *Le Culte de l'émotion*, Flammarion, 2001.
Lasch Christopher, *Les Femmes et la Vie ordinaire*, Climats, 2006.
Leloup Jean-Yves, *Une femme innombrable*, Albin Michel, 2002.
Lenoir Frédéric, Etchegoin Marie-France, *Code Da Vinci : l'enquête*, Robert Laffont, 2004.
Leroy-Gourhan André, *Le Fil du temps*, Fayard, 1983.
Lévi-Strauss Claude, *Les Structures élémentaires de la parenté*, éditions de l'EHESS, 1967.
Lipschitz Arouna, *L'un n'empêche pas l'autre*, Le Souffle d'Or, 2003.
Lipschitz Arouna, *La Voie de l'amoureux*, Robert Laffont, 2006.
Lipton Bruce H., *Biologie des croyances*, Ariane, 2006.
Lorand Christine, Vincent Claude, *Le Couple sur la voie tantrique*, ALTESS, 1998.
Lowenstein William, *Femmes et dépendances*, Calmann-Lévy, 2007.
Maine Margo, *Anorexie, boulimie, pourquoi ?*, Le Souffle d'Or, 1995.
Malarewicz Jacques-Antoine, *La Femme possédée*, Robert Laffont, 2005.
Marandola Marthe, Lefebvre-Decaudin Geneviève, *L'Intimité*, J.-C. Lattès, 2004.
Margain Cécile, *La femme au foyer est-elle l'avenir du féminisme ?*, Éditions n° 1, 2007.
Mernissi Fatema, *Le Harem et l'Occident*, Albin Michel, 2001.
Millás Juan José, *Une histoire de harcèlement*, Galaade, 2006.
Miquel Françoise, *Une femme dans les coulisses du pouvoir*, Presses de la Renaissance, 2007.
Molinier Patricia, *L'Énigme de la femme active*, Payot, 2003.

Mouvement français pour le planning familial, *Liberté, sexualités, féminisme*, La Découverte, 2006.
Nabati Moussa, *Le Bonheur d'être soi*, Fayard, 2006.
Nasio J.-D., *L'Œdipe*, Payot, 2005.
Neuburger Robert, *Nouveaux Couples*, Odile Jacob, 2004.
Neumann Erich, *The Origins and History of Consciousness*, Princeton University Press, 1954.
Nolen-Hoeksema Susan, *Pourquoi les femmes se prennent la tête*, J.-C. Lattès, 2005.
Norwood Robin, *Ces femmes qui aiment trop*, J'ai lu, 2007.
Ockrent Christine, *Le Livre noir de la condition des femmes*, XO éditions, 2006.
Pasini Willy, *Éloge de l'intimité*, Payot, 2002.
Peck Scott, *Le Chemin le moins fréquenté*, Robert Laffont, 2002.
Perls Frederick S., *Le Moi, la Faim, l'Agressivité*, Tchou, 1978.
Perrot Michelle, *Mon histoire des femmes*, Seuil, 2006.
Peters Suzanne, Mesters Patrick, *Vaincre l'épuisement professionnel*, Robert Laffont, 2007.
Petitcollin Christel, *Apprenez à écouter*, Jouvence, 2006.
Pink Daniel, *L'Homme aux deux cerveaux*, Robert Laffont, 2007.
Poletti Rosette, Dobbs Barbara, *Lâcher prise*, Jouvence, 1999.
Pradervand Pierre, *Apprendre à s'aimer*, Jouvence, 2006.
Rainville Claudia, *Je me crée une vie formidable*, Jouvence, 2005.
Robert Jocelyne, *Le Sexe en mal d'amour*, Éditions de l'Homme, 2005.
Rosenberg Marshall, *Les mots sont des fenêtres ou bien ils sont des murs*, Syros, 1999 ; Éd. La Découverte, 2004.
Rougemont Denis de, *Les Mythes de l'amour*, Albin Michel, 1961, 1996.
Rougemont Denis de, *L'Amour et l'Occident*, Plon, 1972.
Rubin Gabrielle, *Les Sources inconscientes de la misogynie*, Robert Laffont, 1977.

Rubin Gabrielle, *Pourquoi on en veut aux gens qui nous font du bien*, Payot 2006.

Rudhyar Dane, *Les Maisons astrologiques*, Éditions du Rocher, 1994.

Salomon Paule, *La Femme solaire*, Albin Michel, 1991.

Savidan Patrick, *L'État des inégalités en France*, Belin, 2006.

Schierse Leonard Linda, *La Fille de son père*, Éditions du Jour, 2000.

Schneider Michel, *La Confusion des sexes*, Flammarion, 2007.

Schott-Billmann France, *Le Féminin et l'Amour de l'autre*, Odile Jacob, 2006.

Sennett Richard, *Le Travail sans qualités*, Albin Michel, 2000.

Sennett Richard, *Les Tyrannies de l'intimité*, Seuil, 1979, 1995.

Serrurier Catherine, *Que sont nos maris devenus*, Desclée de Brouwer, 1994.

Serrurier Catherine, *Ces femmes qui en font trop*, La Martinière, 2002.

Senk Patricia, Gravelaine Frédérique de, *Vivre sans drogues*, Robert Laffont, 1995.

Setton Alain, *Gagner sa vie sans perdre son âme*, Presses de la Renaissance, 2007.

Sorman Guy, *Les Vrais Penseurs de notre temps*, Fayard, 1989.

Souzenelle Annick de, *Le Symbolisme du corps humain*, Albin Michel, 1984, 1991.

Souzenelle Annick de, *Le Féminin de l'être*, Albin Michel, 2000.

Stone Merlin, *Quand Dieu était femme*, L'Étincelle, 1999.

Sullerot Évelyne, *Pilule, sexe, ADN*, Fayard, 2006.

Thalmann Yves-Alexandre, *Au diable la culpabilité !*, Jouvence, 2005.

Tisseron Serge, *Vérités et mensonges de nos émotions*, Albin Michel, 2005.

Tournand Juliette, *La Stratégie de la bienveillance*, InterÉditions, 2007.

Vacquin Monette, *Main basse sur les vivants*, Fayard, 1999.

Vaillant Maryse, *Comment aiment les femmes*, Seuil, 2006.

Vidal Catherine, Benoit-Browaeys Dorothée, *Cerveau, sexe et pouvoir*, Belin, 2005.

Vidal Florence, *L'Instant créatif*, Flammarion, 1984, 1992.

Voragine Jacques de, *La Légende dorée*, Flammarion, 1967.

Yhuel Isabelle, *Les Femmes et leur Plaisir*, J.-C. Lattès, 2001.

Remerciements

Merci à Isabelle Chanteur pour la bienveillance et l'intelligence de ses critiques (ainsi que pour le temps passé au décryptage de mes cassettes !).

Merci à Fabienne Chevalier pour ses encouragements, sa disponibilité et son enthousiasme.

Merci à Eunice Reis pour la finesse de ses remarques et son merveilleux soutien.

Merci à Florence Vidal sans qui je n'aurais jamais accepté d'écrire ce livre. Et qui a été là pour moi du début à la fin de son écriture.

Merci à Laurence Lundell pour sa relecture pertinente et émouvante.

Merci à Claudia Gaulé, Pascale Angelot, Anna Ducasse, Anne Mary, Annick Murat, Marie Geligne, Fabienne de Cleene, Isabelle de Castelbajac, Elizabetta Caldera, Fabienne Lenoble, Laurence Marques, Jeannine Gautier, Anne Clémencin et Sylviane.

Merci à Stéphane Woog.

Merci à Bernard Cerneau.

Merci à tous ceux qui ont accepté de témoigner.

Table

II. SEPT GRANDS PRINCIPES DU FÉMININ

Suivi éditorial : Caroline Pajany

Composition : IGS-CP
Impression : Imprimerie Floch, mars 2008
Éditions Albin Michel
22, rue Huyghens, 75014 Paris
www.albin-michel.fr

ISBN 978-2-226-18392-7
N° d'édition : 25874. – N° d'impression : 70682
Dépôt légal : avril 2008
Imprimé en France.